純粋欲望機械としての乳児／幼児

：『アンチ・オイディプス』の論理構成

中井 孝章 著

日本教育研究センター

目次（CONTENS）

i

序　論

　1973 年に刊行された，G.ドゥルーズと F.ガタリの共著『アンチ・オイディ
プス』（以下，『ア・オ』と略記）は，これまでおよそ，次のように理解されて
きた。つまり，私たち人間が有する多種多様な——「多形倒錯」といわれる
——，分化以前の欲望（＝欲動），すなわち人間行動を駆動する無意識の衝動
のような流れ・エネルギーは，（貨幣−商品−貨幣−……という）資本主義の
自己運動によって解放・散逸（＝「脱コード化」）されていくにもかかわらず，
そうした欲望（＝欲動）は，エディプス的家族および家族内三角関係によって
別の欲望へ置き換えられ，国家および支配階級に隷従させられてきたことを批
判した書である，と。『ア・オ』における批判の矛先は，欲望の自由な流れを
統制・調整するエディプス家族（の構造）なのである。

　急いで付け加えると，『ア・オ』を手がかりに浅田彰が執筆した『構造と力』
［浅田彰, 1983］は，1983 年時点でもはやエディプス家族はどこにも存在しな
いという想定になっている。つまり，エディプス・コンプレックスよろしく，
ボクの，ママへの欲望を断念させる役割を担うはずのパパは，ボクよりも先に
居ただけの存在になるとともに，「追いつき追いこせ」という競争へと駆動・
先導する吸入口になってしまっている，と。

　話を元に戻すと——ドゥルーズ＝がタリ的には——，エディプス的家族で育
ち，一定の家族役割を課された者とは異なり，欲望の流れのまま自由に生きら

れるのは，分裂症の人たちである。彼らはエディプス化されなかった類いの人間なのだ。したがって，『ア・オ』の副題にあるように，資本主義は，脱コード化によって欲望（欲動）を解放するその一方で，分裂症は，自然と人間の同一化（＝脱人間化）によって，そもそも初めからコード化されることなく，欲望（欲動）を解放する，という点で，相同的なのである。

　予め，『ア・オ』に関する一般的な捉え方を述べてきた。『ア・オ』についての，こうした理解仕方は，概ね，正しいと思われる。ただ，もしそうであるならば，欲望の自由な流れを生きられる分裂症者の生の戦略，具体的には分裂症の論理を明確化すべきではなかろうか。

　繰り返し強調すると，『ア・オ』は，多種多様な欲望の自由な流れをエディプス的家族による統制・調整から逃れる，いわゆる逃走線を示した書であるが，それ以前に，前述したように，資本主義－分裂症（者）による欲望の生産を押し進める「革命」の書でもある（ただし，それは，加速主義とは異なる）。

　ところで，欲望の自由な流れを統制・調整するものに対する批判は，欲望機械の社会体としての社会機械にも適用される。社会機械の区分は，A.アルトーの考えに沿って，「大地機械」（未開），「帝国機械」（野蛮），「内在的機械」（文明）というように，欲望の世界史として展開される。そして，それらは各々，自らの充実身体の上の諸々の欲望（欲求）の流れを，（順に）「コード化」，「超コード化」，「脱コード化」する［Duelze, Gattri, 1972b ＝ 2006：91］。

　ドゥルーズ＝ガタリは，図示しながら——図1［Deleuze, Gattri, 1972b＝2006：129］（4ページ参照）——，脱コード化および脱領土化を極限まで押し進めることで，「充実した器官なき身体」へと到るのであるが，それを断念してエ

ディプス的家族を前提とする資本主義社会に留まろうとする限り、「家族的実体としてのオイディプス的な神経症」[Deleuze, Gattri, 1972b=2006：129] を発症することになる。また、それを断念して専制君主体制を前提とする原国家社会へ回帰しようとする限り、「専制君主的実体としてのパラノイア精神病」[Deleuze, Gattri, 1972b=2006：129] を発症する。さらに、それを断念して大地的身体を前提とする国家成立以前の社会へ回帰しようとする限り、「大地的実体としての倒錯症」[Deleuze, Gattri, 1972b=2006：129] を発症することになる。

　こうした捉え方は、発達段階のどこかで固着することによって精神疾患（正常な発達からの退行）が生じると捉える精神分析理論とアナロジカルである。ドゥルーズ＝ガタリからすれば、資本主義がその加速化によってもたらす「充実した器官なき身体」、すなわち「欲望＝欲動」の自由な流れを統制・調整する限り、その社会は、何らかの精神病理を帯びてくるのである。そのことは、臨床実体としての分裂症からの「退行」となる。その具体的な精神疾患は、内在的機械のオイディプス的な神経症の「発症」であり、帝国機械のパラノイア精神病の「発症」であり、大地機械の倒錯症の「発症」なのである。

　以上のことから、『ア・オ』は、「充実した器官なき身体」としての「分裂症＝資本主義」をベースに、欲望の、アナーキーにして自由な流れを生み出すことを説いた「革命」の書であることがわかる。

　本書は、欲望の自由な流れを生み出す分裂症者およびその分裂症の論理を『ア・オ』から抽出するとともに、分裂症者と同様、分裂症の論理を自然に生きられる存在として乳児／幼児に注目していくことにする。

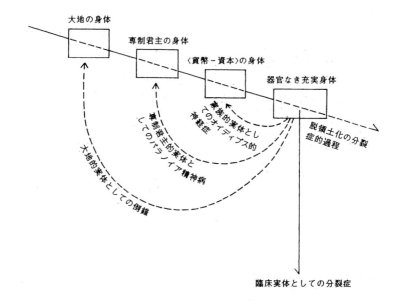

図1　臨床実体としての分裂症からの「退行」症状

4

Ⅰ．分水嶺としての部分対象

──観念論から唯物論へあるいは妄想から生産へ

１．M.クラインの発達過程・段階論

　『ア・オ』を読み解く上で，M.クラインの部分対象についての捉え方が重要なポイントとなる。G.ドゥルーズ＝D.ガタリは，部分対象についての，クラインの精神分析（対象関係）的解釈を観念論として批判するとともに，その観念論批判を通して自らの唯物論を構築している。まずは，部分対象を中心にクラインの対象関係論を取り上げることにしたい。

　クラインをはじめ対象関係論は，人間の内的世界を重視するが，たとえばクライン学派の松木邦裕は，次のように述べている（内容は変更せず，文体のみを変更した）。

　「私たちは普段はほとんど意識することなく，内的世界での体験や感覚をそのまま現実の外界に持ち込んで，それらがあたかも外界での現実の知覚や認識であるかのように混同してしまっているようである。そうだとしたら，このことが歪んだ認知や病的な判断やふるまいを引き起こしているにちがいない。ところで，私たちは自分自身の内的世界をそれとして客観的に見ていくことによって，内的世界と現実外界を識別できるようになっていく。だから，この内的世界を知覚し区別していく作業を通して内外の混同を防ぎ，外界を歪みなく知

5

覚していけるわけである。」［松木邦宏, 1996：12］, と。

　松木が述べるように，私たちは無意識裡に内的世界を通して外界を見ている
がゆえに，「正しく」外界を知覚・認知するには，まず内的世界を「正しく」
知覚・認知する，総じて内的世界の客観視が不可欠になる。というのも，私た
ち（特に，クライエント）は，「正しく」外界を知覚・認知していると思ってい
ても，実は，自らの主観的な体験や感覚が作り出した内的世界によって，外的
世界を知覚・認知しているだけかもしれないからだ。端的には，外的世界は内
的世界が投影（投射）されたものである。裏を返せば，内的世界は，自らの主
観が作り出した幻想・幻覚などの病理的な判断によって歪んだり偏ったりして
いるかもしれないのである。

　したがって，対象関係論からすると，肝心なのは，クライエントが内的世界
を「正しく」知覚・認知することである。そのことによってクライエントは外
的世界を「正しく」知覚・認知することができる。つまり，クライエント（私
たち人間）にとって重要なのは，内的世界と外的世界（外界もしくは現実）との
一致なのである。

　以上のことから，この精神分析理論では，内的世界と外的世界との一致を「正
常な」認識であるとみなしていることがわかる。繰り返し強調すると，私たち
（クライエント）は，こうした内的世界の客観視によって，内外の混同や混乱を
整序し，現実（外界）を正しく知覚したり認知（認識）したりすることができる
ようになるのだ。精神分析（理論）は，クライエントにおける内的世界と外的
世界（外界）の混同，もしくは，内的世界の外界への誤った投影を治療するの
である。

6

　S.フロイトの後継者として登場したクラインおよびクライン派の対象関係論は，内的世界（＝私）と外的世界（＝現実）との一致こそ，「正しい」認識であり，基準であると捉えている。

　前述したように，ドゥルーズ＝ガタリは，クラインの対象関係論，特に部分対象に着目している。部分対象に言及するには，クラインが提示する，乳幼児の精神発達過程をみていく必要がある。

　ところで，クラインは，フロイトの無意識を重視しながらも，人間の初期発達過程，特にエディプス期（構造）以前における子どもの発達過程を，母子関係を軸に据えた，新しい心の発達モデルとして構築した。クラインで特徴的なのは，子どもの発達からみて最重要な時期が，すなわち自我が芽生える年齢が１歳くらいまでであると捉えたことである。周知のように，フロイトおよびA.フロイトらの自我心理学の場合，子どもの発達からみて最重要な時期は，エディプス・コンプレックスが生じる５〜６歳である。

　このように，子どもに自我が芽生える年齢が１歳くらいであるとすれば，かなり早期のうちに子どもの内的世界が形成されていることになる。つまり，幼いうちから，子どもはすべて，内的世界を持っていて，その子どもなりの内的世界から外的世界（現実）を知覚したり認知したりしていることになる。だからこそ，クラインの場合，乳幼児に対しても大人と同様の精神分析的治療が可能だということになる。それに対して，父フロイトの自我心理学を継承したA.フロイトは，自我が確立できていない乳幼児に精神分析的治療は適用できないとし，クラインと激しい論争を繰り広げた。

　こうして，クラインは超早期における自我の確立，ひいては内的世界の形成

を前提に，乳幼児の精神発達過程・段階論を構築する。その理論とは，生後3〜4ヶ月の乳幼児の「妄想的・分裂的態勢（ポジション）[paranoid-schizoid position]」［Klein, 1975=1985］から生後4〜6ヶ月以降の乳幼児の「抑うつ態勢（ポジション）[depressive position]」［Klein, 1975=1985］への発達過程・段階論である。なお，ここで「態勢（ポジション）」とは，乳幼児の発達過程・段階であると同時に，その後一生のあいだ，内的な対象関係が幾度も反復されることを表す概念である（対象関係論では，乳幼児の発達過程で起こったことは，それが範型となり，大人になってからも繰り返されるとしている）。つまり，生まれてまもない乳児の内的世界の病理は，分裂気質（シドイド）を含め分裂病（現・統合失調症）を理解する指標となる。なお，ドゥルーズが取り上げるのは，必ずしも精神疾患としての分裂病（統合失調症）ではなく，臨床実体としての分裂症であることから，本書では主に，「分裂症」，「分裂症者」という概念を用いている。

　まず，生後3〜4ヶ月の乳幼児の「妄想的・分裂的ポジション（態勢）」ついての説明は，次の通りである。

　乳幼児は，母親の乳房を吸うことでおっぱいをお腹一杯飲む。そのことは，乳幼児に満足をもたらす，すなわち乳幼児の欲求を満たすのだ。そして乳幼児は，母親の乳房を自らの欲求を満たす「良い乳房（おっぱい）」だと認知する。このとき，乳幼児は自らが愛されていると感じる。つまり，乳幼児からすると，自己自身は愛されるに値する存在，その意味で「良い自己」だということになる。誤解してはならないのは，「良いおっぱい」とそれに対応する「良い自己」は，乳幼児の内的世界のイメージ（心像）として生じているということである。対象関係論とは，母子という二者関係が内部へ投影された内的世界の関係論な

8

のである。

　ところが，乳幼児が母親の乳房を吸っても，母親のそのときの生理的状態で
おっぱいが出ずに十分に飲めない，またはほとんど飲めないことがある。おっ
ぱいが飲めないことは，乳幼児に不満足をもたらす，すなわち乳幼児の欲求を
満たさない。そのため乳幼児は母親の乳房を「悪い乳房（おっぱい）」だと認知
する。このとき，乳幼児は自らが憎まれていたり迫害されていたりするのでは
ないかと疑心暗鬼に陥る。つまり，乳幼児からすると，自己自身は迫害される
存在もしくは憎まれる存在，その意味で「悪い自己」だということになる。前
述したように，「悪いおっぱい」とペアの「悪い自己」もまた，乳幼児の内的
世界でのイメージ（心像）である。

　このように，この二つの乳房（おっぱい）は，同一のものであるにもかかわ
らず，この発達時期の子どもにとってはまったく別ものだと感じられてしまう
のである。乳幼児からみて母親の乳房は，自らの感情を投影するところの外部
である。クラインは，乳房の部分だけを見ていて，それが母親の同一の乳房で
あると認知できないことを「部分対象関係（part object relations）」［Klein,
1975=1985］と名づけた（以下，「部分対象」で統一）。この時期の乳幼児におい
ては，「妄想的・分裂的ポジション」というように，文字通り，その内的世界が
妄想的である上に，「良い乳房」のときは「良い自己」，「悪い乳房」のときは
「悪い自己」という具合に，その時々で分裂している。対象関係論（精神分析
理論）では，この時期の乳幼児がわが身（心）を守るために採る分裂（スプリッ
ティング）のことを特に「原始的防衛機制（primitive defence mechanism）」と呼
ぶ。

次に，生後4〜6ヶ月以降の乳幼児の「抑うつポジション（態勢）」についての説明は，次の通りである。

　前述したように，生後3〜4ヶ月の乳幼児において，「良い乳房／悪い乳房」およびそれに対応する「良い自己／悪い自己」は，イメージ（心像）レベルにおいて分裂していた（そうした分裂は，精神分析理論からすると，一種の防衛機制であり，乳幼児が混乱からわが身［心］を守るための防衛機制であった）。ところが，乳幼児は生後4〜6ヶ月経つと，これまで二つに分裂していた「良い乳房」と「悪い乳房」が，実は同じ一つの乳房であることを理解するようになる。そうした状態は，前述した「部分対象関係（部分対象）」に対して，「全体対象関係（whole object relations）」［Klein, 1975=1985］と名づけられる（以下，「全体対象」で統一 ）。

　そして，乳幼児はそうした認識・理解に到ることで，これまで母親の乳房に対して悪い感情を抱いていたこと，さらにはおっぱいが出ないことで乳房に噛みついたり攻撃的な気持ちを抱いたりしていたことに対して，自ら嫌悪感を抱くようになる。その結果，この頃の乳幼児は，抑うつ的になり，悲しくなるのだ。それが，「抑うつポジション」［Klein, 1975=1985］である。

　このように，エディプス構造以前の乳児（生後3〜6ヶ月）は，「部分対象」から「全体対象」へと認知的に移行することにともない，精神発達状態も，「妄想的・分裂的態勢（ポジション）」から「抑うつ的態勢（ポジション）」へと変容する，というのがクラインの発達過程・段階論の概要である。重要なことは，クライエントからみて，「妄想的・分裂的ポジション」から「抑うつポジション」への移行が不可欠かつ望ましい発達だということである。一見，「抑うつポジション」は，その言葉のイメージからネガティブに思われがちであるが，

クラインからすると，子どもが一時期，こうした抑うつ状態に陥ることは，人間発達上望ましいことなのである。ところが，子どもがこうした抑うつ状態に耐えることができずに，心の成長が滞るとすれば，同一の人間の中にもさまざまな側面があることを理解できなくなってしまう。そのことは，たとえば，地球から見える月の表側は美しいけれども，地球から見えない月の裏側は（地球を守るために，とはいえ，隕石等とぶつかって陥没していることから）醜いのだと，両者が同じ月の表裏であることを統合的に理解できないのと同じである。こうした認知は，他者理解や他者関係に負の影響を与えることになる。こうした現象は，精神分析でいうところの，スプリッティング世界への退行に相当する。さらに，クラインは，母親とのかかわりにおいて早期のエディプス・コンプレックスが生後6ヶ月から離乳期の子どもに生じると述べているが，本書の主題とは直接，関連がないことからこれ以上の言及は避けたい（ただし，エディプス・コンプレックスの時期については，『ア・オ』の趣旨を尊重して，フロイトのいう5〜6歳を基準とする）。

2．欲望の観念論批判

前節では，エディプス構造以前の子ども（生後3〜6ヶ月）が，部分対象から全体対象への移行にともない，妄想的・分裂的ポジションから抑うつポジションへと変容するということについて述べてきた。

ドゥルーズ＝ガタリからすれば，クラインの部分対象にかかわる妄想的・分裂的ポジション（態勢）こそ，唯物論的な契機である。にもかかわらず，彼ら

11

からすると，クライン自身はそれを観念論的に捉えてしまうのである。そのことについて彼らは，次のように述べている。

「メラニー・クラインは，部分対象という，あの爆発，回転，振動の世界の驚くべき発見をなしとげた。ところが，彼女は部分対象の論理を把握することに失敗している。……まず第一に，彼女は部分対象を幻想と考え，現実的生産の観点からではなく，消費の観点からこれらを判断している。彼女は，これらの部分対象に，因果関係のメカニズム（例えば取り込みと投影），実現のメカニズム（満足感と欲求不満），表現のメカニズム（善と悪）を割り当てているが，これらのメカニズムはいずれも，部分対象に対する観念論的な発想を彼女に強いている。……第二にいえることは彼女が次のような考え，分裂－パラノイア的気質の中に到来する全体であるにしろ，ひとつの全体というものに部分対象が帰するというものである。だから，これらの部分対象は，彼女においては，包括的性格をもつ人物たちから採取されているように見える。〈私〉であれ，対象であれ，もろもろの欲動であれ，これらに関する統合的な全体性の中にまで部分対象が入り込んでくるだけではない。さらに部分対象自身が，〈私〉や母や父の間の対象的関係の原型をすでに構成することになるのだ。ところが，まさにこの点で結局事態はすべて決定されることになる。」［Deleuze, Gattri, 1972a=2006：86-87］，と。

その直後にも，彼らは，「メラニー・クラインは，全体の見地を，つまり包括的性格をもつ人物や完全な諸対象を認める観点を保存している」［Deleuze, Gattri, 1972a=2006：78］と述べている。これは，後述する，オイディプス化操作の包括的かつ特殊的使用に相当する。

12

　このように，ドゥルーズ＝ガタリは，クラインが部分対象を発見したことを評価しているが，その一方で，彼女が部分対象を幻想もしくは妄想だと観念論的な発想で捉えることを批判している。しかもそのことに加えて，部分対象をひとつの全体に帰するものと捉えている。そして，クラインのいう部分対象は，オイディプスの中に位置づけられるのだ。「あらゆる欲望的生産は押しつぶされ，両親のイメージの上の折り重ねられて，前オイディプス諸段階にそって整列させられ，オイディプスの中に全体化されることになる。」［Deleuze, Gattri, 1972a=2006：89］

　さらに，彼らは，次のように述べている。

　「メラニー・クラインにおいてさえも，分裂気質の部分対象はひとつの全体に関係づけられ，この全体は，抑うつ段階における完全対象の到来を準備する。ところが，このような統一性－全体性は，何らかの不在の様相においてしか措定されないということは明らかである。」［Deleuze, Gattri, 1972a=2006：141-142］，と。

　こうして，部分対象の分裂態勢は，予め，完全対象（＝全体対象）の支配下にあって抑うつ態勢へ向かうわけであるが，そのことに関連してクラインをはじめ精神分析理論は，欲望を，部分対象に向けるのではなく，全体対象（統一性－全体性）の欠如もしくは不在として措定することになるのだ。その意味で，部分対象への欲望，ひいては欲望そのものは，欠如もしくは不在によって規定されることになる。こうして，クラインが発見した分裂態勢の部分対象は，幻想もしくは妄想であることにおいて，予め，抑うつ態勢の全体対象（完全対象）によって措定されるものでしかないのだ。

13

前節で述べたように，クラインは部分対象という画期的な概念を創出しながらも，妄想的・分裂的態勢（ポジション）から抑うつ的態勢（ポジション）への変容プロセスの中で，部分対象を幻想もしくは妄想と観念論的に捉える（部分対象の観念論的発想）と同時に，部分対象を全体対象（統一性－全体性）の支配下へと措定するのである。総じて，クラインの精神分析理論は，観念論なのだ。

　ところで，こうしたクラインの精神分析理論の中に，唯物論と観念論の違いを見極める上で分水嶺となるのは，欲望についての捉え方にある。

　精神分析において部分対象への欲望がそうであるように，欲望そのものは，何かが欠如もしくは欠損しているから，その欠如・欠損したものを求める働きであると考えられている。つまり，欲望は，欠如や欠損に起因する心の働きであるがゆえに，そうした欠如や欠損を求めているのは，私（自己）なのである，と。なお，この私（自己）は，意識や心を持つ「主体」とは限らない。むしろこの私（自己）には，意識や心を持たない，「主体」以前のモノも含まれている。

　そのことと同様に，フロイトやクラインをはじめ，精神分析理論は，エディプス・コンプレックスに示されるように，私たち人間は超越的なものとしてのファロスが欠如・欠損しているがゆえに，その欠如・欠損したファロスを求めて欲望すると捉えてきた。当初から精神分析（理論）は，欠如・欠損を前提にそれを補填するものとして欲望を規定してきたのである。

　しかしながら，その一方で，精神分析が認めるように，人間の欲望は「多形倒錯」である。多形倒錯とは，私たち人間が元々，さまざまな対象へ欲望を向けているということである。多形倒錯こそ，人間の本性もしくは性癖のようなものだと捉えられてきた。ドゥルーズ＝ガタリは，そうした欲望の捉え方をよ

14

り一層アクティブに捉え直す。つまり，欲望は，生産的な流れという意味で「生産機械」なのである，と。彼らが精神分析の欲望に対する捉え方と一線を画するのは，欲望を幻想もしくは妄想ではなく，物質に裏づけられる現実的な対象を生産するものと捉えていることにある。欲望は，物質としての個々の現実的な部分対象を生産するのであって，そうした現実的対象が欠如・欠損しているからそれを満たそうとするわけではないのである。

　以上述べてきたように，人間が元来，多形倒錯であることで，私たち人間の欲望は，さまざまな部分対象，すなわち物質としての現実的な対象を生産する。私たちにとってこうした現実的対象（部分対象）が欠如しているから，それを満たそうとするわけではないのである。

　フロイトやクラインをはじめ，一般に精神分析理論がエディプス・コンプレックスに基づいて欲望を，現実的な部分対象が欠如しているがゆえに，それを満たそうとするものだというように，欠如・欠損によって捉えていることは，何度強調しても強調しすぎることはない。

Ⅱ．純粋欲望機械と接続的総合
——分裂症者と乳児の相同性

1．分裂症者

　では，欲望を欠如から捉えるのではなく，ドゥルーズ＝ガタリのように，物質に裏づけられた現実的な対象を生産するものと捉えるとは，一体，どういうことなのか。それは，観念論から唯物論への転回を意味する。こうして生み出された概念が，「欲望機械」である。

　「欲望機械」については，『ア・オ』の冒頭で突然，次のように記述される。

　「〈それ〉（エス）はいたるところで機能している。……いたるところに機械があるのだ。決して隠喩的な意味でいうのではない。連結や接続をともなう様々な機械の機械がある。〈器官機械〉が〈源泉機械〉につながれる。ある機械は流れを発生させ，別の機械は流れを切断する。乳房はミルクを生産する機械であり，口はこの機械に連結される機械である。拒食症の口は，食べる機械，肛門機械，話す機械，呼吸する機械（喘息の発作）の間でためらっている。」

［Deleuze, Gattri, 1972a＝2006：15］

　ここで，〈それ〉（エス）とは，無意識を意味する。つまり，無意識の働きによって機械，すなわち欲望機械が，あたかも工場の機械のように，物理的に稼働しているのである。しかも，機械は，別の機械と連結したり接続したりする。

17

だから，欲望機械は，機械の機械なのだ。欲望機械は，他の機械と繋がるが，その繋がり方としては，一方の機械が流れを発生させ，もう一方の機械はその流れを切断する。

　このように，欲望機械においては，流れと切断は常態化している。たとえば，母親の乳房が，ミルクを生産する機械（〈源泉機械〉）であるのに対して，そのミルクを吸う乳児の口は，その流れを切断する機械（〈器官機械〉）である。欲望機械は，他の機械（部分対象）と接続（連結）することで，常に流れと切断を行い，そのことを繰り返すのである。

　ドゥルーズ＝ガタリに基づくこうした欲望機械についての記述は，きわめて非観念的かつ物質的，唯物論的である。しかも，欲望機械は，後述するように，オイディプス化操作によって観念論化されない限り，唯物論固有の摂理にしたがって欲望を現実的に生産する。なかでも，こうした現実的な欲望的生産を純粋な形で行うのが，分裂症者である。その典型例としてドゥルーズ＝ガタリは，分裂症者，レンツ（文学作品の主人公）を挙げている。

　「分裂症者の散歩。それは，精神分析家のソファに横たわる神経症患者よりも，ずっとよいモデルである。……例えば，ビュヒナーによって再構成されたレンツの散歩。……レンツは山の中，雪の中で，別の神々とともに。あるいはまったく神もなく，家族もなく，父母もなく，ただ自然とともにある。……すべては機械をなしている。天上の機械，星々または虹，山岳の機械。これらが，レンツの身体のもろもろの機械と連結する。諸機械のたえまないざわめき。……少なくとも，このような機械の中に自分の身体をひとつの部品として滑りこませること，レンツは，人間と自然が区別される以前に，あるいはこの区別を

条件とするあらゆる指標以前に身をおいたのだ。彼は自然を自然としてではなく，生産のプロセスとして生きる。もはや，ここには人間もなければ，自然もなく，ただ一方を他方の中で生産し，もろもろの機械を連結するプロセスだけがある。いたるところに，生産する機械，あるいは欲望機械が，分裂症的機械が，つまり類的生命そのものが存在する。私と私でないもの，外なるものと内なるものとの区別は，もう何も意味しないのだ。」［Deleuze, Gattri, 1972a=2006：16-17］

　このように，分裂症者，レンツは，「生産のプロセス」としての自然そのものであり，欲望機械である。自然とともにある，「生産する機械（欲望機械）＝分裂症的機械」は，「天上の機械，星々の機械……」等々，部分対象としての「もろもろの機械」を連結するだけである。このプロセスには何ら目的や意図は介在しない。その意味で，分裂症者の分裂症的機械は，純粋の欲望機械であると考えられる。前述したように，〈母親の乳房〉と〈乳児の口〉と同様に，レンツの分裂症的機械（＝生産する機械）は，自然の，もろもろの機械（部分対象）と接続（連結）することで，流れと切断を行うのである。

　こうして，分裂症者に典型的であるように，欲望機械は，「生産の生産」であり，その身体と自然の，もろもろの機械（部分対象）との接続（連結［ネットワーク]），および，それにともなう流れと切断を行う。それは，「生産の接続的総合（la synthèse connective de production)」［Deleuze, Gattri, 1972a=2006：132ff.］と名づけられる。接続的総合の論理は，機械（部分対象）と機械（部分対象）の接続（連結）であることから，「『そして』et『そして次に』et puis…」［Deleuze, Gattri, 1972a=2006：21-22］，別訳では「『これと』et『これの次にあれ』et puis…」

19

［Deleuze, Gattri, 1972a=1986］，簡素化して「これとあれ（et, et puis）」と示される。

　以上のことから，欲望機械は，分裂症者の分裂症的機械を範型としていることがわかる。

２．乳児・自閉症児

　ところで，前述したように，分裂症者が純粋欲望機械であるとすれば，それと類似する，もしくはそれに準ずる存在として，乳児を挙げることができる。欲望機械のように特殊な概念を理解するには，分裂症者のように，標準的な様相を逸脱した変則的・境界的な事例が手がかりとなる。とりわけ，生まれたばかりの乳児は，意識や心を持たない，「主体」成立以前の状態にある。そして，乳児は，成長発達にともない，意識や心を持つ，「主体」成立以後の状態へと変容する。あるいは，乳児は，「私（自己）」が欠如したモノから「私（自己）」が充填した主体へと変容する。

　まず，人間は「私（自己）」が欠如したモノとして存在するが，そのモノとしての乳児は，特定の養育者（母親）との二者関係および母親と近接するテリトリー内での，さまざまなモノたち（日常品や玩具など）とのかかわりにおいて唯物論的に記述することができる。

　前述したように，母親の乳房が，ミルクを生産する機械（〈源泉機械〉）であり，そのミルクを吸う乳児の口は，その流れを切断する機械（〈器官機械〉）である。この場合，そのことを唯物論的に記述すると，次のようになる。

20

　乳児によるミルクの摂取は，乳児の口が母親の乳房に接続されることで，〈口−乳房〉となり，乳房がミルクの流れを生産するとともに，乳児の口はそのミルクの流れを採取する，と。

　そして，乳児の口は，胃に接続され，〈胃−口〉となり，口が採取（摂取）したミルクの流れを生産するとともに，乳児の胃はそうしたミルクの流れを採取（摂取）する。さらに，乳児の胃は，腸に接続され，〈腸−胃〉となり，胃が採取（摂取）したミルクの流れを生産するとともに，乳児の腸はそうしたミルクの流れを採取（摂取）する。さらに，乳児の腸は，肛門に接続され，〈肛門−腸〉となり，腸が採取（摂取）したミルクの流れを生産するとともに，乳児の肛門はそうしたミルクの流れを採取（摂取）するのだ。

　このように，乳房−機械と口−機械，口−機械と胃−機械，胃−機械と腸−機械，腸−機械と肛門−機械といった関係が生まれるのである。これが，「生産の接続的総合」である。繰り返しになるが，欲望機械は，他の機械（部分対象）と接続（連結）することで，常に流れと切断を行い，そのことを繰り返すのだ。

　また，森田裕之がいみじくも述べるように，「乳児による母乳の摂取の場面で生起することは，それだけに限らない。なぜならば，母親の顔に向けられた乳児の眼は，その母親の顔に当たって反射した光を見たり，部屋にあるステレオに傾けられた乳児の耳は，そのステレオから出た音楽を聞いたりもするからである。このことは，……〈口と乳房〉という接続と同様に，こう捉えることができる。眼が顔に接続されており，〈眼と顔〉という接続において，顔が光の流れを生産し，眼がその光の流れを採取するのであり，耳がステレオに接続

21

されており，〈耳とステレオ〉という接続において，ステレオが音の流れを生産し，耳がその音の流れを採取することとして捉えられる。」[森田裕之，2022：37-38] こうした接続以外にも，「乳児をめぐる複数の接続」[森田裕之，2022：38] が想定される。

　こうして，乳児は母親の乳房や自らの消化器官系のみならず，周囲の環境に存在するあらゆるモノと接続しているし，いつでもそれらと接続可能なのである。その意味では，生産の接続的総合の論理は，意識や心を持たない「主体」成立以前の，欲望機械としての乳児に当てはまるのである。

　ところで，欲望機械としての乳児（の活動）を最も先鋭化したものとして，B. ベッテルハイムによる自閉症児，ジョイ少年の症例研究についての記述が挙げられる。なお，これについては『ア・オ』でも言及されている[Deleuze, Gattri, 1972a=2006：74-76]。

　社会が押しつける規範に押し拉がれた，自閉症児のジョイは，誰もが円滑に行っている日常生活を遂行するのに，あたかもロボットであるかのように，機械仕掛けの儀式的動作という迂回（プリベンション）が不可欠である。具体的には，次の通りである。

　「たとえば彼が食堂に入ってくるときの所作などを，われわれは固唾をのんで眺めたものである。彼は，目に見えない電線を床に敷く仕草をして，自分の身体を彼だけの使う電源に接続した。ついで，自分の身体を絶縁するために，架空のコンセントから食堂のテーブルまでその電線を張り渡し，そのうえで自分の体にプラグを差し込んで電流を流した。……この架空の電気工事をしてからでないと，彼は食事にとりかかれなかった。それというのも，電流が流れて

初めて，彼の消化装置は運転を開始したからである。」［Bettleheim，1967=1973
：7］

　「ジョイは自分の寝台に複雑な装置を取り付けて，これを自動車型機械にし，
彼はその力を借りて，眠っているあいだの自分を運転させ（あるいは『自分を生
かし』）ていた……この呼吸機械は，彼が粘着テープ・ボール紙・電線，その他
ありあわせのがらくたでもって手際よく作りあげた品なのである。……ジョイ
の機械の部品が床に落ちていたばあいには，彼女ら［掃除婦］は注意ぶかく元
通りに直しておいた。それというのも，『ジョイは彼の気化器がないと息をす
ることができない』からである。彼はまさしく自動車型機械から動力を得たの
であり，また『気化器』のおかげで呼吸することができたのである。」［Bettleheim，
1967=1973：9-10］

　唯物論的に記述すると，前者の症例は，ジョイの身体が架空の「電源」に接
続されており，〈身体−「電源」〉という接続において，「電源」が「電気の流
れ」を生産し，身体がその「電気の流れ」を採取する，そして，流れた「電流」
がジョイの「口−胃−腸−肛門」といった消化器官に次々と接続されていき，
〈「電流」−口〉，〈口−胃〉，〈胃−腸〉，〈腸−肛門〉といった接続において，「電
流」が「電気の流れ（＝電流)」を生産し，口，胃，腸，肛門といった消化器官
がその電気の流れ（＝電流）を採取する，となる。

　同じく，後者の症例は，ジョイの身体が架空の「自動車型機械（呼吸機械)」
に接続されており，〈身体−「呼吸機械」〉という接続において，「呼吸機械」
が「空気（酸素）の流れ」を生産し，身体がその「空気（酸素）の流れ」を採取
する，そして，流れた「空気（酸素)」が（睡眠中の）ジョイの「口−気道−肺」

23

といった呼吸器官に接続されていき，〈「空気（酸素）」－口〉，〈口－気道〉，〈気道－肺〉といった接続において，口，気道，肺といった呼吸器官が空気（酸素）の流れを採取する，となる。

　以上，ジョイの症例研究からわかるように，この自閉症児は，食事すること，息をすること，寝ること（寝ているあいだに息をすること）等々，日常生活を営むためには，常に何らかの「動力源」に接続されていなければならないのである。ここで，注意すべきなのは，ジョイにとって「動力源」が幻想上もしくは空想上のものではなく，自らの欲望機械を動かすために不可欠な現実的なものだということである（ジョイの世界を記述する際，動力源を「動力源」というように，あえてカギ括弧で表記しているにもかかわらず，にである）。彼は文字通り，「機械人間（ロボット）」なのだ。ジョイは，「大きな太った少年が，自分の小さい欲望機械のひとつを巨大な技術的社会的機械に接木し，これを作動させている」［Deleuze, Gattri, 1972a=2006：25］という少年，すなわち『ア・オ』の挿絵の，『機械と少年』（リンドナーの絵）の「少年」と瓜二つである。

　ここまで，ごく普通の乳児と自閉症児，ジョイの記述をみてきたが，両者に共通しているのは，生産の接続的総合（の部分的かつ非特殊的使用）である。乳幼児の場合は，自然のそれであるのに対して，自閉症児の場合は，人工的に作り出されたそれである。特に，後者の場合，自閉症児は世界との交通を回復するために必死になって作り上げた人工的装置（機械）である。彼にとって必要なのは，現実的なものとしての「動力源」なのである。

Ⅲ．登録の離接的総合と消費の連接的総合
——分裂症者と資本の相同性

　前述したように，欲望機械は，分裂症者の分裂症的機械を範型としている。では，『ア・オ』は，この分裂症的機械を中心に論が展開されていくのかというと，必ずしもそうではない。『ア・オ』は，この分裂症的機械（分裂症者の身体）と　K.マルクスのいう資本（についての捉え方）とのあいだに相同性を見出すとともに，それを契機に分裂症の論理を構築するのである。次に，分裂症と資本に相同性を見出した小林卓也の解釈を手がかりに，欲望機械および分裂症における「受動的総合」の論理をみていくことにする。

　先に，受動的総合の論理とは何かについて述べると，それは，次の，広辞苑にある記載の通りである。すなわち，「対象の認識は多様な知覚的現れの統一，すなわち総合として成立するが，その際自我が積極的に関与する局面を能動的総合，自我の関与なしにおのずから生じる，いわば無意識的な局面を受動的総合と呼ぶ。能動的総合はすべて受動的総合を基盤として行われる。」，と（なお，これは E.フッサールの発生的現象学の概念である）。ここ重要なのは，受動的総合が「自我の関与なしにおのずから生じる」総合だということである。私たちの対象認識は，自我の関与によって観念的になされているが，その基盤には無意識的に働いている，非観念的な——いわば低次の——総合の働きがあるのだ。分裂症においては，自我の関与なしに無意識的に稼働する総合が表面に迫り出し

25

てくるのである。だからこそ，受動的総合の論理は分裂症特有のものとなるわけである。

１．資本主義の自己運動
──登録の離接的総合

　小林によると，分裂症者（の身体）と資本の相同性は，「器官なき身体（corps sans organes）」に求められる。小林は『ア・オ』から「器官なき身体は非生産的なものである」［Deleuze, Gattri, 1972a=2006：26］と引用した上で，次のように述べている。

　「器官なき身体である分裂症者は，何も生産しないし何も消費しない。しかし，それでもなお，すべての部分対象を無際限に接続する欲望的生産においては，こうした器官なき身体も例外なく他の部分対象へと接続されることになる。」［小林卓也，2019：58］，と。

　ここでいう「器官なき身体」については，（有機的に形成された）器官身体に対抗する身体の謂いであり，「未分化な不定形の流体」［Deleuze, Gattri, 1972a=2006：28］，もしくは，「何物にもなり得る可能性を宿した卵」［井上智洋，2022：220］であると規定することができる。さらに，安藤礼二は，ドゥルーズ＝ガタリの共著『千のプラトー』［Deleuze, Gattri, 1980=2010］を参照しながら，それを「あらゆる器官，あらゆる身体の根底となりながら，それ自体はあらゆる器官，あらゆる身体であることを拒否する，無底としての身体，器官をもたない身体，身体自体をゼロ……へと解体してしまう身体」［安藤礼二，2023

26

：183］と明晰に規定している。しかも彼は，「『器官なき身体』とは強度に満ちた『卵』である」［安藤礼二，2023：181］と付け加えている。

　このように，分裂症者の身体は，器官なき身体であることによって，非生産的なものかつ非消費的なものであるにもかかわらず，欲望的生産と同様に，すべての部分対象を無際限に接続するのである。

　ここで本書にとって最重要なことがある。それは，器官なき身体が「未分化な不定形の流体」，もしくは，「何物にもなり得る可能性を宿した卵」と規定されるように，それが「になる」の唯物論的な起源もしくは根拠となり得ることである（この点については，Ⅳ章で解明する）。

　では，資本が器官なき身体であるとは，一体，どういう意味なのか。そのことを説明するには迂回が必要である。筆者は，以前，マルクスの『資本論』［Marx, 1885=2005］第二篇第四章「貨幣の資本への変容」，「第一節　資本の一般式」の一部ついての記述を，浜田寿美男の「目標−評価」論に沿って教育学的文脈で取り上げたことがある。次に，そのときの覚書を参照することにしたい（小林はその箇所を要約しているが，その捉え方とほぼ同じである）。

　ところで，『資本論』における該当箇所では，第一篇での商品と貨幣の考察をベースに，第二篇では資本とは何か，それはどのように規定されるかを問題にしている。以下，［Marx, 1885=2005］から適宜，敷衍しつつ，論を展開したい。

　第一節では，資本の最初の現象形態である，貨幣の流通上の独自の運動から，資本とは何かを規定した上で，本節の最後に「G−W−G'が，流通圏に直接現われてくるかぎりでの資本の一般式」［Marx, 1885=2005：231］だと小括してい

る。「資本の最初の現象形態」[Marx, 1885=2005：217] としての貨幣は，W−G−Wにおける商品流通の媒介者としての貨幣と区別される存在であるが，他方の，G−W−Gという流通形態の起動的動機は，「価値増殖」[Marx, 1885=2005：225] である。

　以上のことから，流通形態によって，「貨幣としての貨幣と資本としての貨幣」[Marx, 1885=2005：218] とは，明確に区別されることになる。

　いま述べたことを詳述すると，次のようになる。

　商品流通の直接的形態は，W−G−Wであり，商品から貨幣への転化と，貨幣から商品への再転化といった，買うために売るという運動，すなわち使用価値（消費による欲望の充足）を目的とする運動である。貨幣は欲望の充足のために支出され，流通手段として機能する。

　ところが，資本としての貨幣の流通形態は，G−W−Gであり，貨幣から商品への転化，商品から貨幣への再転化といった，売るために買うという運動で，出発点に復帰した運動を開始する循環運動である。それは，浅田彰が『構造と力』の中で，貨幣が資本への転化のプロセスで，オブジェクトレベルとメタレベルを行き来する様相として巧みに図示した「クラインの壺」[浅田彰, 1983：222] に相当する。一転して，貨幣は還流し，「前貸しされた」[Marx, 1885=2005：220] ものとなる。この循環運動を推進するインセンティブは，消費ではなく，交換価値である。こうした運動によって，貨幣が資本に転化し，資本を生成することになる。

　いま述べたことについてマルクスは，「資本としての貨幣流通とたんなる貨幣としての貨幣流通とを区別する感覚的に知覚可能な相違点」[Marx, 1885=2005

：221］として捉えている。マルクスは，この「たんなる貨幣としての貨幣流通」が，単純な商品流通Ｗ－Ｇ－Ｗで商品交換を媒介するだけの，流通手段としての貨幣だとするのに対して，「資本としての貨幣流通」は，Ｇ－Ｗ－Ｇの流通形態をとる貨幣だとする。ここでマルクスは，単純な商品流通を媒介する貨幣流通Ｗ－Ｇ－Ｗと，資本としての貨幣流通Ｇ－Ｗ－Ｇの共通点と相違点を考察するが，前述したように，後者を「貨幣としての貨幣」と表現する。

　以上のことから，Ｇ－Ｗ－Ｇにおいて，貨幣が起点と終点で等量であれば，それは無内容な運動にすぎない。最初に投じた（投下された）貨幣Ｇよりも量的に増加した「G'＝G＋ΔG」［Marx, 1885=2005：223］となることによって，この運動は合理的な経済活動となる。この増加分ΔGを，マルクスは「剰余価値」［Marx, 1885=2005：223］と名づける。そして，この過程の完全な形態は「Ｇ－Ｗ－G'」であるとする。ΔGには利益と損害の両面があるが，いずれも剰余価値なのである。

　「剰余価値」という概念は，マルクス固有のものである。というのも，古典派経済学が，剰余価値を「利潤，地代」等と表現し，労賃とともに収入の源泉とするのに対して，マルクスは，剰余価値を純粋に剰余価値そのものとして捉えているからである。

　以上，マルクスの資本についての考え方を概観してきたが，それは，図２（30ページ参照）のようにまとめることができる。

　前述した論述と重複するのを恐れずに，図２を説明すると，次のようになる。

　図２に示されるように，資本主義社会における脱コード化（＝人間の欲望を制限・規定する構造や用法のない状態）は，貨幣の資本への転化（Ｇ－Ｗ－G'）によ

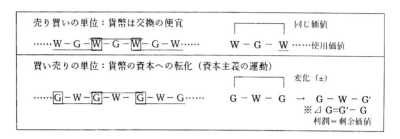

図2　貨幣としての貨幣と資本としての貨幣

※Ware：商品／Geld：貨幣

って秩序化される。つまり，私たち現代人（近代人）は，貨幣という原理（貨幣の増殖および資本の自動運動）によって駆動される。Z.バウマンの驥みに倣えば，「『昨日よりも今日の方が多く，今日よりも明日の方が多く』と統計で示されるものを……良いものだ」［Bauman, 1998=2008：228-229］とするのである。

　こうして，私たち個々の自己は，貨幣の資本への転化（資本主義の自己運動）の原理，ひいては貨幣を媒介にしながら，現在の自己を未来の，より良い自己に向けて高めていく。資本主義における成長（剰余価値による資本の増殖）と自己の成長は，相同的である。むしろ私たちの自己は，資本主義というモノたちの原理に規定（基底）されている。モノ（物質）こそ，ヒトの生活を規定（基底）するのである。マルクスの名言にあるように，「意識が生活を規定するのではなく，生活が意識を規定する。」

　以上述べたことは，貨幣の資本への転化についての説明であるが，重要なのは，小林が指摘する次の点である。つまり，なぜ，資本を器官なき身体とみなすことができるのかについての根拠とは，「器官なき身体は，非生産的なもの

30

である。にもかかわらず，それは，接続的総合の中で，その時と場所をえて，生産する働きと生産されるものとの同一性として生みだされる」[Deleuze, Gattri, 1972a=2006：26-27] というように，『ア・オ』から引用しつつ述べるように [小林卓也，2019：62]，「生産すること」すなわち「商品を生産する貨幣の働き（G)」と，「生産されるもの」すなわち「商品と交換された貨幣（G')」，つまり〈G=G'〉が同一の貨幣だということにある。しかも，そのことに加えて「資本である貨幣は，いずれも剰余価値を生み出すべく，無際限に貨幣と交換される資本としての貨幣であり，……それは資本それ自体の自己目的的な同一性を担保している。」[小林卓也，2019：62-63]

　したがって，「資本においてはすべての商品が貨幣との交換価値に変換され，すべてが資本自体の自己目的的な運動へと登録されるのと同様に，器官なき身体もまた，剰余価値を生み出しつつ無際限にそれらを交換し続けるべく，すべての欲望機械（部分対象）を，欲望的生産の運動のなかに取り込むことになる。このとき，器官なき身体はすべての部分対象が登録される表面になる」[小林卓也，2019：63] のである。

　小林がいみじくも述べるように，資本としての器官なき身体は，マルクス的には「20 エレのリンネル，1 着の上着，10 ポンドの茶，40 ポンドのコーヒー，1 クオーターの小麦，2 オンスの金，1/2 の鉄，……」といったありとあらゆる商品，貨幣等々の欲望機械（部分対象）が登録する表面になるのだ。ドゥルーズ＝ガタリは，こうした「登録する生産」の論理を「登録の離接的総合（la synthèse disjonctive d'enregistrement)」[Deleuze, Gattri, 1972a=2006：146ff.] と名づける。

「離接的総合」の論理とは，「これであれ……あれであれ(soit ...soit)」[Deleuze, Gattri, 1972a=2006：33] である。この「『これであれ……あれであれ』とは，すべての事物を互いに排除することなく，等価なものとして登録する操作である」[Deleuze, Gattri, 1972a=2006：65]。すでに，G − W − G'に見たように，使用価値を有するすべての商品は，貨幣の資本への転化によって剰余価値を生み出す資本へと変換されるが，そこでは部分対象としてのすべての商品が器官なき身体としての資本の表面に登録され，「離接の記号」[小林卓也, 2019：65] となり，そうした「離接の記号」が次から次へと際限なく接続（連結）されるのである。このような，資本における登録の離接的総合は，図3のように，例示することができる。

図3　登録の離接的総合的

　それにしても，『ア・オ』の論理構成は複雑きわまりない。したがって，その論理構成を整理すると，次のようになる。

　まず，分裂症（分裂症者）が器官なき身体であることを述べた上で，貨幣の資本への転化が商品（部分対象）の，資本の自己目的的な運動への登録であることを根拠に，資本は器官なき身体であることになる。つまり，分裂症と資本は，器官なき身体であることから，相同的である。もっというと，両者の相同

32

性から，器官なき身体は，分裂症から資本へと，すなわち欲望機械から社会機械へと拡張されて捉えられる。資本という器官なき身体は，その表面にありとあらゆる商品（部分対象）を際限なく次々と登録する。つまり，資本という器官なき身体は，自らの表面に「これであれ……あれであれ」とさまざまな商品を登録するのである。

２，分裂症者の言語活動
──離接的総合と連接的総合

さらに，『ア・オ』の論理構成の複雑さは，これだけでは終わらない。資本という器官なき身体の表面へのさまざまな商品の登録は，分裂症者の言語活動と相同的である。具体的に，それはどういうことなのか。

この点についても，小林は次のように明確に述べている（実は，Ⅳ章で筆者が独自に展開する，３歳未満の幼児の「になる」非言語活動と共通する事柄であり，『ア・オ』の中でも筆者がとりわけ注目する論理である。ただ，小林の指摘によって分裂症者の言語活動が，資本における商品の登録と相同的であることをあらためて確証することができた）。

小林は，『ア・オ』における分裂症者の言語活動を引用しながら，次のように述べている。

「『私は神であり神でない，私は神であり人間である』……，あるいは『私はアピスである，私はエジプト人である，私は赤い肌のインド人であり，黒人であり，中国人であり，日本人であり，異邦人である』……これらは，同一主

33

語（私）に対して，異なる複数の語を並列させ結びつけている。そればかりではなく，彼らは，肯定と否定という相対立する述語（～である。～でない）であっても，それらを選言（離接詞）によって結び，主語を述定している。ドゥルーズ＝ガタリは，このような分裂病的な『これであれ……あれであれ（soit...soit）』とは，すべての事物を互いに排除することなく，等価なものとして登録する操作であると考えている。これはまさに，資本の運動が，あらゆる商品の使用価値を，剰余価値を生み出す資本自体の運動へと変換するのと同様の操作である。分裂症者は，社会的なコードによって規定された語や関係を脱コード化する。むしろそこでは，あらゆる部分対象そのものが，いわば，命題論理における『離接の記号（signes disjonctif）』となることで，いかなる項にも定位することなくそれらの接続が際限なく続けられることになる。」［小林卓也，2019：64-66］

　分裂症者は，固有の言語活動を行っているが，その活動は，器官なき身体としての資本がその表面にさまざまな商品（部分対象）を登録するのとまったく同じ様式（モード）である。このような，分裂症者における登録の離接的総合は，図３の資本の場合と同様に，図４（35ページ参照）のように，例示することができる。

　ところで，同じ器官なき身体でありながらも，資本から分裂症への焦点移動によって，分裂症における新たな論理が導出されてくる。この点について『ア・オ』は，次のように述べている。

　「生産の上に登録が折り重なるといっても，この登録の生産そのものは，生産の生産によって生み出されてくる。同様に，この登録に消費が続くのである

図4　分裂症者の言語活動

が，消費の生産は登録の生産によって，また登録の生産の中で生みだされるの
だ。ということは，ある主体の秩序に属する何かが，登記の表面の上に見つか
るということである。これは固定した自己同一性をもたない奇妙な主体であっ
て，器官なき身体の上をさまよい，常に欲望機械の傍にあって，生産物からど
の部分をとるかによって定義されるのだ。この主体は，いたるところで，ある
生成，ある転身から報償を受け取り，みずからが消費する状態から生まれ，そ
れぞれの状態において生まれ変わる。だから，新たに消費を終えるたびごとに，
主体はその時点において生まれ変わって現われる。『だから，これは私なので
ある。だから，これは私のものなのだ……。』……苦しむことさえ，自己を享
受することである。おそらく，欲望的生産はすべて，すでに直接的に消費であ
り消尽であり，したがって『享楽』なのである。しかし，欲望的生産はまだひ
とりの主体にとってそうであるわけではない。主体は，登録の表面のもろもろ
の離接を介して，それぞれの分割の残余において始めて姿を現わすからであ
る。」［Deleuze, Gattri, 1972a=2006：40-41］

　ここで再び，分裂症固有の論理がクローズアップされてくる。これは，分裂
症者という人間に固有の論理だということで，同じ器官なき身体でありながら

35

も，（モノとしての）資本には当てはまらない論理である。『ア・オ』ではその直後に，こうした論理の典型として，かの有名なシュレーバー控訴院長が例示されている。

「シュレーバー控訴院長が女性に変容するのと引きかえに，神はシュレーバー控訴院長から享楽をうることを要求する。ところが，この神の享楽のうち，シュレーバー控訴院長が体験しうるのは，その残滓の一部だけであり，それは自分の苦しみの報酬であり，あるいは自分が女性になることの報償である。」

［Deleuze, Gattri, 1972a=2006：41］

前述したように，分裂症者は，自らの器官なき身体の表面に，アピス，エジプト人，赤い肌のインド人，黒人，中国人，日本人，異邦人を登録するとともに，アピスからエジプト人へ，エジプト人から赤い肌のインド人へ……という具合に移行するが——ただし，移行する順序はこの通りとは限らない——，同じ分裂症者のシュレーバー控訴院もまた，登録した「女性に変容する」。ただ，そうした転身によって体験する享楽は，彼にとって残滓の一部にすぎないのである。つまり，消費の生産によって得られるのは，残滓の一部なのだ。こうした分裂症固有の論理は，「消費の連接的総合（la synthèse conjonctive de consommation）」［Deleuze, Gattri, 1972a=2006：164ff.］と名づけられる。それは，「だから，これは～である」［Deleuze, Gattri, 1972a=2006：47］と示される。この，「だから，これは～である」は，アイデンティティのように，確固とした主体を表す表現ではなく，分割の残滓の一部から，いわゆる周縁からかろうじて主体が立ち上がってくることを示唆する表現となっている。しかも，その主体は次から次へと移動・変転するといった全き自由なものである。

36

　さらに，分裂症者による登録の生産は，単に「アピス，エジプト人，赤い肌のインド人……，異邦人」であるだけでなく，自らがアピスになったり，エジプト人になったり，赤い肌のインド人になったり，……異邦人になったりするのである。そうした中で主体が立ち上がってくるが，そのとき，たとえば分裂症者の主体は，「私はアピスである」，すなわち「アピス『になる』」ことで他者（エジプト人……）との差異において強度を高める。私たちの感覚で示すと，そうした体験は，一本の黒線を見るとき，背景の白とのコントラストで黒色を強く感じる——「黒としての黒」を知覚する——のと類似している。そのことは，強度を高めることなのである。

3．登録における離接の記号とパラタクシス

　すでに分裂症と資本の相同性のもと，登録の離接的総合について論述してきた。その際，器官なき身体の表面に，資本であれば，ありとあらゆる商品（モノ）が，分裂症であれば，分裂症者の言語活動を通して彼らの「になる」対象，すなわちさまざまな名前が，各々，離接の記号として登録されることが示された。

　このように，登録の離接的総合では，欲望機械によってさまざまなもの（モノ・人）が離接の記号となるわけであるが，ここで重要なのは，器官なき身体の表面にさまざまなもの（モノ・人）が平等にかつ並列的に登録されるということである。前節では文脈上，主題としなかった「並列的に登録される」ということについて言及したい。一体，この「並列的に」というのは，どのような

ものなのか，次に，H.S.サリヴァンの捉え方を迂回しながら論述する。

　ところで，［中井，2018b］で述べたように，筆者は，私たちが脳の異変によって，3歳未満の頭足類身体へと病的に回帰する病は，分裂症（現・統合失調症）だと考えている。その典型的な症状とは，自己の境界の液状化，滑り落ち，メルトダウン，自己のモノ・他者への流出であり，究極的には，自分の存在の否定である。こうした病的な頭足類身体は，サルの精神分裂病化実験のように［台弘・町山幸輝，1973：57-84］，麻薬や覚醒剤などを用いて人工的に精神分裂病のサルを作り出すことが可能である（ただし，現在では，そうした実験は禁止されている）。その場合でも，自己と自己以外のものが溶解（融解）することで，内界と外界の区別が消失・消滅する可能性がある。

　一般に，分裂症は，人間の主体における統合力が著しく衰退するときに生じる。主体の統合力が著しく衰退するとき，分裂症の多様な言語的症状が生じるのだ。つまり，通常のコミュニケーションで中心的な役割を果たしている「統合する」力が衰えると，究極的に言語の解体と自己の解体，すなわち分裂症の特徴と一致した症状が生じる。正常・正気と異常・狂気は，コインの裏表のように張りついていて，その上，両者の境界は程度の差にすぎない。したがって，私たちが統合力を失い，異常・狂気の世界に入り込むことは，何ら不思議なことではないのだ。

　こうして，精神医学者，サリヴァンは，人間の主体の統合力に関する記号の発達過程論を提示している。彼によると，記号の発達過程論は，三つの態様から成る。

　つまりそれは，「プロトタクシス的 prototaxic，パラタクシス的 parataxic,

38

シンタクシス的 syntaxic（models）の三つである。」［Sullivan, 1953=1990：33］
「この三つの態様は本来的に事象の "内的" 加工 elaboration にかかわるもの
である。……この三つの態様の差異は，個人の，事象との接触が，それにつづ
いて受ける加工の量と質の違いとにある。」［Sullivan, 1953=1990：33］（以下，「プ
ロトタクシス」，「パラタクシス」，「シンタクシス」と略記する。）

　ここで筆者がなぜ，サリヴァンの統合力に関する三つの態様（モード）を取
り上げたのかというと，それは，プロトタクシスという原始的，初期発達的モ
ードが鏡像段階以前の乳児に，パラタクシスという病理的モードが鏡像段階の
習得後の，幼児の頭足類身体および頭足類身体へと回帰した分裂症者の病理的
な身体像に，各々，対応しているからである。

　これに対して，シンタクシスは，きわめて正常な記号（操作能力）の発達に
よって到達することができるものである。それは，記号（特に，言語）に基づい
てさまざまな体験を意味づけ，秩序化する体験である。このタイプの意味や秩
序化は，人間同士の合意によって確認され承認された象徴活動となる。裏を返
せば，シンタクシスについては，これ以上何も記述する必要がない。つまり，
精神病理学からみる限り，記号の発達が十全のシンタクシスよりも，プロトタ
クシスとパラタクシスの方が注目すべきであるのは，当然のことである。次に，
この二つの態様の特徴について順次，みていきたい。

　まず，プロトタクシスとは，原始的態様における体験であり，未分化な全体
性の体験である。それはまた，生まれたばかりの乳児が体験するように，全感
覚的な生物体の，環境との相互作用に関連した，瞬間ごとの状態の離散的（非
連続的）系列とみなすことができる。

次に，肝心のパラタクシスとは，未分化な全体性の体験がその各部分，相異なる側面，異なる種類の体験が，場合によって偶然一緒に起こったり，起こらなかったりするような体験である。ただ，この場合，体験する乳児の中で論理的に関連づけられず，結合されることもない。言い換えると，この体験では，さまざまな体験が互いに共起的に生ずると感じられるだけであり，何らかの秩序にしたがって諸体験が結合しているという認識は，いまだ欠落している。この体験は，そのとき限りの，関係のない，さまざまな存在状態の束とみなされる。

　ただ，個体発生の見地からパラタクシスを十全に理解することは困難である。ところが，それを系統発生の見地から理解することはそれほど難しいことではない。科学哲学者，P.K.ファイヤアーベントは，アルカイックな絵画様式が「並列的集合体（paratactic aggregate）」〔Feyerabend, 1975=1981〕であることを具体的事例によって示している。

　「ライオンに半分呑み込まれている子ヤギの絵がある。ライオンは獰猛に，子ヤギは温和に見え，そして呑み込む行為は，ライオンであるものと子ヤギであるものの表現に単純に付け加えられている。われわれは並列的集合体と呼ばれるものに出会っているわけである。すなわちこうした集合体の要素はすべて同等の重要性を付与されており，それらの間の唯一の関係は継起であって，どんな階層もなく，どんな部分も他の部分に従属しているものとして，あるいは他の部分に決定せられたものとして表されることはない。絵は読まれている。すなわち，獰猛なライオン，温和な子ヤギ，ライオンが子ヤギを呑む込むことだ。」〔Feyerabend, 1975=1981：318〕，と。

40

　つまり，「獰猛なライオン，温和な子ヤギ，ライオンが子ヤギを呑む込むこと」といった三つの要素（部分）は，並列的かつ同等に存在しているのであって，三者のあいだには「どんな階層もなく，どんな部分も他の部分に従属しているものとして……表されることはない」のだ。この三者間に，いかなる「従属的体系（hypotactic systems）」［Feyerabend, 1975=1981：320］は成立し得ない。この知見は，私たちにとって，（乳）幼児に特有の記号体験としてのパラタクシスを理解する上で有益である。

　こうして，サリヴァンの定式化する，「プロトタクシス」→「パラタクシス」→「シンタクシス」という記号の発達過程は，「統合力」の発達プロセスを意味する。たとえ，シンタクシスに到達した者であっても，分裂症に陥ることによって，それ以前の，記号の発達段階である，パラタクシス，さらにはプロトタクシスへと退行（回帰）することさえ起こり得るのである。

　ところで，パラタクシスやプロトタクシスへと退行（回帰）すると，すなわち人間における主体の統合力が衰退すると，どのような事態に陥るのか。もっといえば，シンタクシスが衰退した人物（の視点）からみると，世界はどのように立ち現われてくるのか。つまり，それは本来，「図」として位置づけられるべき私的なコンテクストから生じる私的な連想関係が，「地」としての社会的習慣的なコンテクストから生じる社会的習慣的な連想関係との関係を見失って，「地」と「図」の区別のない全体が支配してしまうことになるのではないかと想像できる。そのため，安定した社会的習慣性から孤立して，人間は自己を支えるものを見失った不安を感じ，その不安が周囲に対する漠然たる不信感を生み出すことになる。そのことは，分裂病患者特有の被害妄想となって発現

41

する。その症状は，記号（イコン・インデックス・シンボル）の私的な連合関係が突出して社会的習慣的な連合関係との統合が不能になったことに起因する。また，メタファーが衰退して，字義通りの意味にしか解釈できないのは，メタファーにおいて関係づけられるべき二つの連辞の視点が固着してしまい，連合の軸における社会的習慣的連想との統合によって結ばれなくなるからであると考えられる。

さらに，「言葉のサラダ」といわれる症状は，連合の軸における統合が衰退して，私的連想が連辞化して，一見して何の繋がりもないような言葉が繋がって出てくるためであると考えられる。いずれのケースも，人間にとって荒涼たる心象風景であることが理解されてくる。

以上のことから，パラタクシスは，分裂症者の「になる」言語活動，および後述する，幼児の「になる」非言語活動に固有の，離接の記号の登録仕方であると考えられる。これに対して，プロトタクシスは，サリヴァンが述べるように，（生まれたばかりの）乳児の全感覚的な生物体の，環境との相互作用に関連した，瞬間ごとの状態の離散的（非連続的）系列に対応している。

４．オイディプス化操作／アンチオイディプス化操作

ここまで述べてきたように，分裂症固有の論理として三つの受動的総合の論理が示された。振り返ると，次の通りとなる。

まず，欲望機械は，「生産の生産」である。欲望機械は，究極的には分裂症者，レンツよろしく，彼の「身体＝分裂症的機械」と自然の，もろもろの「機

42

械＝部分対象」との「接続＝連結」，および，それにともなう流れと切断である。それは，生産の「接続的総合」と名づけられ，その操作は，「機械＝部分対象」と「機械＝部分対象」の「接続＝連結」であることから，接続的総合の論理は，「これとあれ」となる。こうした論理は，生まれたばかりの乳児にも当てはまる。分裂症者と乳児は，何の目的や意図（恣意）もなく，自然・世界の部分対象と接続するという意味において，「純粋欲望機械」と呼ぶことができる。

　次は，「登録の生産」である。充実した「純粋欲望機械」としての分裂症的機械は，生産も消費もしない「非生産的なもの」であるにもかかわらず，この，非生産的な器官なき身体は，欲望的生産と同様に，すべての部分対象と無際限に接続する。しかも，分裂症は，資本と同じ器官なき身体であることから，資本へと拡張される。つまり，資本は，貨幣の資本への転化が「商品＝部分対象」の，資本の自己目的的な運動への登録であることから，分裂症と同じく，器官なき身体である。器官なき身体としての資本は，その表面にさまざまな商品（モノ）を次々と登録する。それは，登録の「離接的総合」と名づけられ，その操作は，さまざまな商品が離接の記号として並列にかつ平等に登録される。したがって，登録の離接的総合の論理は，「これであれ……あれであれ」となる。分裂症者の場合，離接的総合は，「アピス，エジプト人，赤い肌のインド人，黒人，中国人，日本人，異邦人」といったさまざまな人が離接の記号として並列にかつ平等に登録されることになる。

　最後に，「連接的総合」は，「消費の生産」である。「連接的総合」は，分裂症者（人間）固有の論理である。前述の通り，分裂症者は，器官なき身体とし

43

ての資本がその表面にさまざまな商品（モノ）を登録するのと同様に，自らの器官なき身体の表面にさまざまな離接の記号，すなわち「アピス，エジプト人，赤い肌のインド人……」を登録する。そして，分裂症者は，諸々の離接の記号を次々と消費し終える毎に，生まれ，そして生まれ変わる（転成する）が，各々の分割の残滓の一部（周縁）からかろうじて主体を生み出すのである。それは，分裂症者固有の消費の連接的総合という論理であり，「だから，これは〜である」と示される。

　ここで，以上述べた，分裂症の三つの論理をコンパクトに表にまとめた Web 資料を参考までに，表1として示すことにしたい［DG-Lab，2015］。

表1　分裂症の受動的総合の論理

スキゾ過程	基本概念	生産	エネルギー	無意識の受動的総合	流れとの関係
	欲望する機械	生産の生産	リビドー	接続的総合	採取
	器官なき身体	登録の生産	ヌーメン	離接的総合	離脱
	独身機械(主体)	消費の生産	ヴォルプタス	連接的総合	残滓

無意識の使用	受動的総合	超越的使用（精神分析）	内在的使用(スキゾ分析)	対応概念
	接続的総合	包括的特殊的使用「…と，…と」(モル的)	部分的非特殊的使用「…と，…と」(分子的)	欲望する機械
	離接的総合	排他的制限的使用「…か，…か」	包含的無制限的使用「…であれ，…であれ」	器官なき身体
	連接的総合	隔離的一-一的使用「だから，それは私の父(母)である」	遊牧的多義的使用「だから，それは私である」	独身機械

　ところで，この三つの受動的総合については，精神分析理論に傾倒するオイディプス化操作と，それを否定するアンチ（＝非）オイディプス化操作といった対立する二つの操作がある。つまり，それは，観念論と唯物論の対立となる。

44

振り返ると，『ア・オ』は，観念論の一つの基本型である精神分析理論を批判するとともに，それを通して唯物論を構築するものであった。本書では言及しなかったが，それは哲学史的には，カントの観念論（相関主義）を批判する書であるとともに，観念論の基本型としての精神分析理論を批判するものである。そして，「観念論／唯物論」の分水嶺は，具体的には，この三つの受動的総合についての「オイディプス的操作／アンチオイディプス的操作」に求められるのである。

　なお，一部，重複するが，「オイディプス的操作／アンチオイディプス的操作」は，最重要であることから，表1を参考にその箇所を抽出し，表2のように示すことにしたい（この表は『ア・オ』の翻訳に沿って作成している）。

表2　アンチオイディプス的操作とオイディプス的操作

受動的総合の論理	アンチオイディプス的操作	オイディプス的操作
生産の接続的総合	部分的かつ非特殊的使用	包括的かつ特殊的使用
登録の離接的総合	包括的かつ無制限的使用	排他的かつ無制限的使用
消費の連接的総合	遊牧的かつ多義的使用	隔離的かつ一対一対応的使用

　表2に示されるように，まず，正当な操作としての，三つの受動的総合のアンチオイディプス的操作は，接続的総合の部分的かつ非特殊的使用，離接的総合の包含的かつ無制限的使用，連接的総合の遊牧的かつ多義的使用，となる。つまり，それは，唯物論の論埋そのものである。したがって，これらの正当な使用は，あくまでも不当な「精神分析理論＝観念論」的使用に対抗して措定されたものである。繰り返し述べると，これらの正当な使用は，不当な観念論的使用，すなわちオイディプス化操作と区別し，それを否定するために付された

ものであって，唯物論における受動的総合の論理としては，接続的総合，離接的総合，連接的総合といった三つがあるのみである（むしろ，不当な観念論的使用に正当な唯物論的使用を対置することはかえって，観念論上の対立という誤った印象を与えることになりかねない）。

　一方，不当な操作としての，三つの受動的総合のオイディプス化操作は，接続的総合の包括的かつ特殊的使用，離接的総合の排他的かつ無制限的使用，連接的総合の隔離的かつ一対一対応的使用，となる。なお，不当な操作であるオイディプス的操作が生み出す誤りについて『ア・オ』は，第2章を設けて詳述するとともに，そのことに加えて「五つの精神分析の誤謬推理」を列挙している。ここで，「五つの精神分析の誤謬推理」とは，①外挿法，②オイディプス的ダブルバインド，③一対一対応の「適用」としてのオイディプス，④抑圧されたものの置換あるいは歪曲，⑤事後，である（ただし，オイディプス的操作および五つの精神分析の誤謬論理についての記述は，列挙した順序でなされているわけではないが，本書ではそれについての論述は，省くことにする）。

　ところで，オイディプス化操作がなぜ，不当な操作であるのかというと，それは，「包括的かつ特殊的」操作，「排他的かつ無制限的」操作，「隔離的かつ一対一対応的」使用といった言葉から示唆されるように，操作仕方がすべて，精神分析理論が提唱する「パパ－ママ－ボク（ワタシ）」から構成されるエディプス・コンプレックス構造へと誘導するものだからである（本書は，『ア・オ』の解説書ではないことから，その詳細には言及しない）。とりわけ，連接的総合のオイディプス化操作，すなわち隔離的かつ一対一対応的使用では，「だから，それは私の父（母）である」というように，操作仕方がオイディプス家族へ誘導

されることがわかる。

　これらの不当な操作によって，欲望はエディプス・コンプレックス構造を中心とするエディプス家族へと方向づけられてしまう。裏を返すと，乳幼児はエディプス家族によって育てられることでしか成長することができないことになる。

　まとめると，唯物論における，受動的総合の論理の一部は，分裂症から導出されながらも，資本という社会機械の捉え方との相同性のもと，作り出されたものである。しかもその好例は——クラインの部分対象の影響から——，乳児と母親の，物質的なレベルでのかかわりを示す，〈器官機械〉－〈源泉機械〉となる。それは，欲望機械および受動的総合の論理を示す好例である。

Ⅳ．幼児の「になる」という原論理

1．幼児の唯物論的区分

　これまで，発達心理学や臨床心理学をはじめ人間諸科学は，乳幼児（総じて，子ども）の発達過程もしくは発達段階を記述するにあたって，発達の連続性・不可逆性を前提に，子どもが大人になるという子ども観を抱いてきた。そうした子ども観は，大人の独善性もしくは自己中心性といった物差しや基準から子どもを捉えたものにすぎない。つまり，子どもからみて大人は「人間の完成体」あるいは「発達の結果」であり，そうした「人間の完成体＝発達の結果」としての大人からすると，子どもは未だ，知識が習得できていない，感情が形成されていない，意志が弱い・耐性がない等々，知・情・意の欠如体としてネガティブにかつ一方的に規定されてしまうことになる。

　とりわけ深刻なのは，こうした人間諸科学が「主体」成立以前の乳児（乳幼児）と，「主体」成立以後の幼児を明確に区別できていないということである。とりわけ，「主体」成立以前の乳児（乳幼児）を大人と同型的に捉えることは不的確である。大人とは決定的に異なる，「主体」成立以前の乳児の発達過程・段階を記述するにあたって，すでに「意識」もしくは「心」が確立されていることを前提にすることは，そもそも，正しくないのである。

　こうした学問的な風潮に対して，H.ワロンは数多の保育観察を通して，「主

体」成立の境界を３歳「以前／以後」に設定した［Wallon, 1949=1970］。子どもは３歳頃に第一次反抗期を迎えるが，ワロンは，幼児の親に対する反抗，というよりも自己アピールが「主体」成立の目安とした。本書では，こうしたワロンの発達心理学的知見を踏まえて――勿論，ワロンの著書およびその研究書を参照した上でのことであるが――，３歳を意識もしくは心を持つ「主体」成立以前／以後の境界と捉えることにする。

　ところで，人間諸科学にとって重要なのは，誕生後まもない乳児および「主体」成立以前の乳幼児からみて世界がどのように立ち現われるのかということである。少なくともいえることは，海馬をはじめ記憶力の未発達などの理由から生まれてまもない乳児にとってはいうまでもなく，３歳未満の乳幼児にとっても，身体とモノ，自己と他者の区別や差異がほとんどない，いわば未分化の状態で立ち現われるということである。総じて，３歳未満の乳幼児の世界は，すべてのものが未分化な状態にある。誤解を恐れずに述べると，生まれてまもない乳児および３歳未満の乳幼児は未だ，意識もしくは心のない，一塊のモノにすぎないのだ。ただ，その一方で，親をはじめ大人は，たとえば彼らが微笑むと，それが単なる生理的な表情ではなく，きっと楽しい（嬉しい）のだろうと推測し，彼らを心ある主体だとみなしてアクティブにかかわるのである（そのことは，良い意味での錯覚である）。

　このように，私たち人間（乳児）は，初発から意識もしくは心を確立した「主体」として生まれてくるわけではない。それどころか，人間は生まれてから３歳までのあいだ，「自己」（「自我」）が確立しないまま，誰かの世話や庇護を受けて生き存えるしかない。乳幼児が意識もしくは心を確立した「主体」でない

50

ことは，自らが拠って立つところの世界（存在）への信憑が確立できていない
ということを意味する。裏を返せば，大人は世界の立ち現われを認識できるの
と同時に，世界の立ち現われを通して世界への信憑（「世界とは信頼するに値する
ものだ」といった確信・信念）を形成できている。したがって，乳幼児のような
未「主体」にとって世界（存在）は，不安定かつ不確かなものといったもので
しかなく，未だ信憑するに値しないのである（とはいえ，乳幼児の，世界への信憑
は，大人，なかでも特定の養育者［への接近］を通してかろうじて形成されている。こ
の無償の世話によって，乳児［乳幼児］は実存上，最大の危機を回避しているのである）。

　よくよく考えてみれば，私たちは意識もしくは心が未だ確立されていない乳
幼児，すなわち「主体」成立以前の乳幼児からみた世界の立ち現われ（方）お
よび世界（存在）への信憑を，乳児の発達特性に沿って忠実に記述することな
ど，果たしてできるのか――これまで筆者は，こうした根本的な課題を，３歳
未満の乳幼児の発達特性に沿いつつ，頭足類身体論の立場から一定の解を出し
てきた（それ以外にも，社会学者，大澤真幸による，過程身体から抽象身体へと到るメ
タ身体論的記述を手がかりに，当の課題に取り組んだこともあった［中井，2018a］）。
裏を返せば，３歳児の発達状態およびその発達特性については，生まれたばか
りの乳児のそれらとは対照的に，妥当と思われる一定の知見を提示することが
できる。

　ここまで，ワロンよろしく，３歳未満の子どもを「乳幼児」，生まれてまも
ない子どもを「乳児」，３歳児を含め就学前の子ども全般を「幼児」と各々，
分類することは何ら問題がないと思われる。ここでより重要なのは，〈乳児−
乳幼児−幼児〉という発達過程もしくは発達区分のうち，３歳未満の子どもを

51

示す，玉虫色の「乳幼児」という発達区分を，子どもの顕著な活動特性にしたがって明確に捉え直すことである。この活動特性とは何かというと，それは，「乳幼児」特有の「になる」非言語活動である。とはいえ，「乳幼児」においてそうした「になる」活動がいつ頃始まるのかについては明確に特定できない。ただ，最小限いえるのは，後述するように，「乳幼児」において「になる」活動が可能になるのは，もしくは，その活動の条件が整うのは，鏡像段階が開始される生後6ヶ月以降よりもかなり後ではないかということである。なお，鏡像段階の開始時期は，ラカン，ワロンともに，6ヶ月と同じであるが，その習得期間は，ラカンが18ヶ月，ワロンが24ヶ月，とかなり異なっている（筆者は，ワロンの臨床観察の妥当性から鏡像段階の習得は，6ヶ月から24ヶ月にかけてなされると考えている）。この時期の「乳幼児」は，自他未分化な状態にあって，自己と他者の区別が判然としていない。

　裏を返せば，「乳幼児」は，自他未分化な状態にあるからこそ，いつでもどこでもすぐに他者「になる」ことができる。そこで，「になる」活動特性を有する「乳幼児」を特に，「幼児」と名づけ，3歳を含む就学前の子どもを特に，「就学前幼児」と名づけて，両者を差別化したい。

　では，なぜ，ここまでして（これまでの）「乳幼児」という言葉を「乳児」，「幼児」，「就学前の子ども」へと差別化する必要があるのか。それは，この発達画期の子ども（「幼児」）だけが，「になる」非言語活動を活発に行うからだ。ワロンの観察が示すように，「になる」活動は，「幼児」にのみ，頻発する。その活動は，就学前幼児を含め私たち大人でもみられるが，それは，意識を介在させた意図的なものにすぎない。要するに，（「幼児」でない）かれらの「になる」は，

幼児の「になる」とは異なり，純粋の活動ではないのだ。しかも，その活動は，前述した分裂症者と乳児と同じく，分裂症の論理に準じたものではないのである。

　繰り返すと，三つの受動的総合の論理，すなわち生産の接続的総合（「これとあれ」），登録の離接的総合（「これであれ……あれであれ」），消費の連接的総合（「だから，これは〜である」）は，分裂症の論理である。分裂症者と資本と乳児は，分裂症の論理で繋がっている。特に，分裂症者と資本は相同的である。

　ところが，乳児の場合，分裂症の論理のすべてが当てはまるのか，もっというと乳児の活動を分裂症の論理によって記述できるのか，というと，『ア・オ』を射程とする限り，記述できないといわざるを得ない。乳児の場合，分裂症の論理の一部である，生産の接続的総合によって記述することはできても，登録の離接的総合と消費の連接的総合によって記述することはできないのである。

　確かに，一部の『ア・オ』研究者，特に森田裕之は，観念論（精神分析理論）の原理論としての唯物論，すなわち「三つの総合の反復としての乳児論的唯物論」［森田裕之，2022：46］として，分裂症の論理のすべてを乳児の活動に適用している。その証左は，たとえば，乳児における「複数の接続的総合の離接的総合」［森田裕之，2022：48ff.］という表現に見出される。

　筆者からすると，観念論の原理論としての唯物論のもと，構築した乳児論的唯物論には分裂症の論理のすべては，適用できないのである。ただ，それに代替するものとして想定されるのは，「になる」非言語活動を活動特性とする「幼児の唯物論」である。しかも，幼児の唯物論は，後述するように，観念論の原理論ではなく，形式論理の原論理として構築される。

では次に，筆者が唱える，「幼児の唯物論」を論述するにあたって不可欠な頭足類身体論に言及することにしたい。

２．原論理としての頭足類身体の「になる」非言語活動

(1) 鏡像段階の理路

　頭足類身体論とは何かについて述べる上で最小限，必要な事柄を述べておきたい［中井，2018b／2021b］。

　まず，頭足類身体とは何かというと，それは，頭足類画を描く幼児の身体のことである。ここで頭足類画（tadpole）とは，３歳未満（主に，２歳）の幼児が，円状の線描で描かれた頭に直接，手や足を付ける表現様式によって人物を描く児童画である。この発達画期の幼児は，円状の形体（円形）である頭に目，口，鼻を描き，「円形＝頭」の外に手や足の線を描く。こうした描画は，胴体がなく手足が頭部領域から出ていて，タコやイカといった頭足類と類似していることから，頭足類画と呼ばれている。頭足類画は，幼児の自画像である。しかも不思議なことに，頭足類画は，R.ケロッグが述べるように［Kellogg, 1969=1971］，世界中の民族に共通して，個体の幼少期に等しく見出されるものである。

　ところが，３歳以降になると——第一次反抗期の直前に——，頭足類画はほとんど見られなくなり，幼児の描画は，より完全な人物表現（人物画）に近づくことになる（頭足類画の消失と人物画の出現）。

　ところで，文明・文化や社会の様式を超えて頭足類画がおよそ２歳の幼児によって描かれるメカニズムについて述べると，それは，鏡像段階（stage of mirror）

の習得とのかかわりで次のようになる。

　生まれたばかりの乳児は，A.ポルトマンの生理早産説が指摘するように，脳が未発達な状態にある。したがって，乳児は，J.ラカンのいう「ばらばらに寸断された身体像」の状態にある。ところが，乳児は鏡像段階を通して鏡に映る他者の身体（鏡像）を自己の身体だとみなし，その鏡像へと自己逃亡を計ることで「Ⅰ＝Me」というように，可視的な身体を入手し，視覚的レベルでの自己統合を行いつつも，それ以前の不可視の「Ⅰ」が「Ⅰ」を自己迎接しようとする。ラカンとは異なり，児童心理学者であるワロンが述べるように，乳幼児が鏡像段階を十全に習得するまで約2年の期間を要するが，なぜ，鏡像段階がこれほど長い期間を要するのかというと，それは，幼児において「Ⅰ＝Ⅰ」から「Ⅰ＝Me」へと直線的にかつ不可逆的に進展するわけではないからである。むしろ幼児は，そうした進展を図りながらも，不可視の「Ⅰ」へと立ち還ろうとするのだ。つまり，鏡像段階においては，「Ⅰ＝Me」から「Ⅰ＝Ⅰ」への揺り戻しをともなうのである。なぜ，一旦，手に入れたはずの可視的な身体で安定せず，元の不可視の身体へと戻ろうとするのかというと，その理由は，獲得したはずの可視的身体が視覚的レベルでの身体像の所有（＝自己統合）でしかないということ，そして，この可視的身体が自己だけの所有物ではなく，他者のまなざしに曝されることで，他者の所有物になるということが考えられる。

　こうした「Ⅰ＝Ⅰ」と「Ⅰ＝Me」の鬩ぎ合いの結果，生み出された妥協の所産こそ，頭足類画である。3歳までの幼児が描く頭足類画とは，鏡像段階における自己形成の理路に反して，自己そのものを未だ，イマーゴ，すなわち虚像の自己へと完全に回収し尽くすことのできない状態で描かれた自画像ではない

55

かと考えられる。したがって，頭足類画を描く幼児の身体，すなわち頭足類身体は，両者の鬩ぎ合いに対応して，両義的な〈私〉——自他未分・主客未分の私と，自他分離・主客分離の私——を生きられることになる。

以上述べてきたことをまとめると，図5のようになる。

I＝I (I ≠ Me) 自己迎接 《no body》 （身体を持たない・胴体なし）	鏡像段階の理路 → ⇔ 鬩ぎ合い **頭足類画** （妥協の産物）	I ＝ Me 自己欺瞞 《some body》 （身体を持つ・胴体あり）
自己←→身体 ［乖離］	I　＝内受容的身体（無形） Me＝外受容的身体（有形）	自己／身体 ［統合］

図5　頭足類身体における「I=I」とI=Me」の鬩ぎ合い

(2) 頭足類身体の活動特性としての「になる」

では，こうした両義的な〈私〉としての頭足類身体に顕著な精神発達の表れとしてどのような現象を観察できるのか。3歳未満の乳幼児の観察について最も秀でていたのは，ワロンである。ワロンは，『児童における性格の起源』という著書の中で，幼児の頭足類身体に関する注目すべき特徴をまとめている。

なかでも，その最たる特徴は，幼児に特有の，「嫉妬」と「同情」である。

ワロンによると，混淆的な社交性の時期における嫉妬は，「自分と他人の混同の結果としてのみ可能なのである。見ている者は，見ている者でありながら受動から能動に移る。彼は相手の中に自分で生じさせたものを見，自分がわざわざ相手に与えた苦痛によって自分の心を怒らせかきみだすのである。」

［Wallon，1949=1970：227］

この嫉妬の論理にしたがうと，嫉妬の具体例は次のようになる。たとえば，A子がB子を殴ったとする。普通であれば——理由はさておき——，怒るのは殴られたB子の方である。ところが，この場合，A子は殴ったB子の中に怒りを見出し，B子に与えた苦痛に対して自ら怒ることになる。

反対に，ある幼児は知人から褒められているにもかかわらず，自分が褒められているのではなく，隣の友だちが褒められたと思い込み，残念がる。この場合もまた，嫉妬に相当する。

次に，同情について例示するが，これについてワロンは多くの例を挙げている。

まず，2歳の頃の未分化な同情の例は次の通りである［Wallon，1949=1970：238］。

「ある幼児は，紙から子どもの面を切り抜くのを見ていて，下手にやって首が取れてしまわないかと心配して大泣きした。」

「ある幼児は，ビスケットを二つにわるのを見て汎心論的な感情移入をして，『ビスちゃんかわいそう』といい，木材が燃えおちるのを見て『木かわいそう』と言った。」

「ある幼児は，紙の人形の手を一つ切ってみせると泣いた。」

また，ワロンは幼児が棒切れを玩具に見立てることを同情という現象から次のように説明している。

「子どもが思ったりほしがったりするものと現実との間では，おとなにおけるよりもはるかに区別があいまいであり，子どもの心を領した思いや表象は，何でも最初に出くわしたものを以て自分の意を得たものとすることができる。

逆に言えば，何であろうと彼の興味をよぶ実物のイメージを呼び起こすことができる。棒切れも馬になり，布片も人形になる。彼はそれが本物に似ているかいないかは気にかけない。……これに加えて，彼は具体的な表象しかもてないということがある。そこでただの四角が家となり，ただの円がお母さんとなる。」［Wallon，1949=1970：240］，と。

さらにワロンは，言語についても同情が起こると捉え，次のような例を挙げている［Wallon，1949=1970：240-243］。

ある幼児が「しいしい」というのは，おしっこがしたいとき，女児（幼児）が着物をまくるのを見たとき，お皿から水がこぼれるのを見たとき，である。こうした比喩表現が出現するのは，順に，自分，他人，物体の動きの場合であるが，その理由は，三つの事柄を混同しているからである。

このように，同情という現象は，幼児が同一の言葉を「自己，他者，物体の動き」という各々異なる文脈において使用することを示すものである。幼児は，自由自在に他者やモノ「になる」のである。裏を返せば，幼児は確定した自己を持たない。そのことに関連してワロンは，幼児の場合，「『私 (je)』は，たまたま一定の状況に条件づけられてあらわれていたにすぎない。もっともよく見られることは，自分を指して三人称で呼ぶことである。もっとも，そうするのは親が子に向かって話すのをまねしているだけであろう」［Wallon，1949=1970：243］と述べている。

ところで，幼児は自分のことを「私」と一人称で呼ぶことから，一見，自己と他者の区別ができるかのようにみえる。ところが，幼児は母親らによって「私」という呼び方を教えてもらったので，その慣例にしたがって自分のこと

58

を「私」と呼ぶだけなのである。むしろ幼児は，自己のことを三人称である他者（他人）で呼ぶのが普通である。つまりこの時期の幼児は，自己と他者の区別が曖昧であり，自己を他者化，すなわち三人称化しているのである。また，幼児は，自己を外界（モノ）と同列に扱い，自己を他者化もしくは三人称化する。つまりそのことは，自他未分化の状態での自己の捉え方を意味する。

　以上述べてきた，頭足類身体の特徴を一言で述べるとすれば，それは，「になる」である。「になる」とは，非言語的，非観念的活動である。しかも重要なことは，この「になる」非言語活動が，「私は私でありながら，私は私ではない。私は他の何かになる。もっというと，私は何にでもなる。」というように，私たちが日常，前提としている形式論理（の世界）を侵犯していることである。つまり，それは，東久部良信政が提唱する「私性の原論理学」における「Ⅱ型：非日常私性　P ∧〜 P　真（絶対真）」［東久部良信政, 1978：52-53］に相当する（筆者は，東久部良の分類表記を変更して用いている［Ⅱ型は，東久部良では1型である］）。つまり，頭足類身体においては，「私が私であると同時に，私ではなく，私以外の何ものにでもなる」がゆえに，この頭足類身体は，例にあるように，「ビスケット」，「棒切れ」，「馬」，「布片」，「紙の人形」等々，何にでも自由自在になるのだ。しかも，この「P ∧〜 P」という非日常私性は，古代ギリシャのエレア派のパルメニデスの論理や形而上学的世界と，詩人の異日常世界と通底している［中井, 2018b ／ 2021b］。

　ところで，私たち人間は，3歳を境界にもはや頭足類身体を生きられないにもかかわらず，我を忘れて対象に没入したり，無我夢中に遊んだりするプロセスの中で，何か「になる」体験をする。そうした体験は，少なからず，頭足類

身体の再現というべきものである。

（3）頭足類身体への回帰としての分裂症

ところが，その一方で，頭足類身体は病理現象として発現することがある。

ここでなぜ，病理現象としての頭足類身体に言及しなければならないのかというと，それは，この病理現象を解明したレインの分裂症理論によって，幼児の頭足類身体の妥当性を論証できるからである。

私たちは，常に他者のまなざしとの相克の中で生きている。なかには，他者のまなざしに基因する存在論的不安定性によって，分裂病を呈する者が存在する。実は，分裂症は，幼児の頭足類身体，すなわちその自他未分化状態への回帰（退行）なのである。

レインは，分裂症者が抱く頭足類的イメージを鏡像段階で述べた「I」と「Me」という二つの対概念を駆使することで，その精神発達状態を明らかにしている。

一般に，私たちは他者を見ると同時に，他者に見られる存在である。私たちが他者を能動的に見るのは，他者に見られることにおいて成立している。こうした「見る－見られる」，すなわち「能動－受動」の相互性こそ，人間と人間のあいだに働く「まなざしの力学」である。

前述したように，自らの存在を「形あるもの」にしようとする私たちは，鏡の中の自己（自分の像）を他者のまなざしにも晒される「見られる自己」として定立せざるを得ない。私たちは，「形あるもの」とすることと引き替えに，自らを他者たちと同列に置いてしまうのだ。否それどころか，私たちは他者から見られること，すなわち他者のまなざしを通して自己存在そのものを奪われ，

他有化されてしまうかもしれない。こうした，他者のまなざしとは，睥睨した人間を「石化」してしまう，ギリシャ神話のメドゥサに譬えられる。

　こうして，私たちの自己は，相手を石化させようとする，他者のまなざしの相剋の渦中において絶えず自己崩壊の危険に晒される危うい存在なのである。だからこそ，こうした存在論的な危うさを抱え込む，私たちの自己は，その極限状況の中でさまざまな心身的な病や狂気を発現（発症）するのだ。本来，自己とは，他者との相剋的なかかわりの中で存在しているのが常態であることから考えて，心身的な病や狂気と正気の差異は，程度の違いにすぎないことになる。むしろ心身的な病や狂気の中にこそ，極限的な形であるにせよ，存在論的な危うさを抱え込む私たちの自己は，剥き出しのまま立ち現われてくる。というのも，心身的な病や狂気に陥った人たち，特に分裂症者は，「私は私である」と平然と嘯くことができない類いの者たちだからである。

　ところで，レインは，分裂症者が，他者とのまなざしの相剋の中で自己崩壊の危機に陥りながらも，そこから何とか自己自身を救い出そうとして，自分なりの実存様式を選択していく様子を克明に描写している。そこで次に，分裂症者であるピーターが選択した自己救済の方法を，彼自身の有する「身体像＝自己像」に焦点化しつつ，みていきたい［Laing, 1961＝1975：174-182］。

　レインによると，ピーターが見られることに固執するのは，自己自身は何者でもない（nobody）──身体を持たない（no-body）──といった，ピーターの根底にある感情から自己を取り戻すためである。ところが，ピーターは存在論的不安に自己を適応させるもう一つの方法を発見した。ただ，その方法にはデメリットがともなう。それは，彼が他者と交わりながら自分自身であること

61

ができるのが，他者が彼のことを何も知らない場合に限るというものである。

　身体というものは，私と世界の中間の両義的な移行的位置を占めている。一方でそれは，私の世界の核心であり中心である。また他方でそれは，他者の世界の客体である。ピーターは，他の誰かから知覚されるもので彼に所属しているものなら何でも，自己から離断しようとする。ピーターは，世間の要請に応じて形成されてきたものでありながらも，内的自己から離断しようとしている態度・野心・行動等の布置全体を否認しようと努力した。

　そのことに加えて彼は，自分存在そのものを非存在なものへと還元しようと企てる。つまり彼は，「自分は何者でもない，自分は無である。」という確信のもと，誠実でありたいという恐ろしい観念によって，無であるように駆り立てられた。彼にとって，無名（アノニマス）であることは，魔術的にこの確信を事実に変える一つの方法なのである。

　こうして，彼は，身体において生きないことによって，何者でもなくあろうとしてから，彼の身体は，死せるものとなったのである。

　この，分裂症者の描写の中でまず注目されることは，存在論的な不安に自己適応させるために発見した方法には，メリットとデメリットが同居しているということである。まずそのメリットとは，その方法によって彼は，他者から見られること，すなわちメドゥサとでも呼ぶべき他者のまなざしから自分自身を防御することができるということである。

　これに対して，そのデメリットとは，そのことの代償として彼は，他者から知覚されるもので彼に所属するものなら何でも，自己から離断しなければならないということである。ここで内的自己から離断しなければならないものとは，

自らの存在そのものである。

　以上のことから，ピーターの自己救済の方法は，デメリットがメリットをはるかに上回っていることがわかる。その証左は，彼の次の言葉に言い尽されている。

　「私はいわば死んだも同然であった。私は自分自身を他の人々から切り離して，自分自身の中に閉じこもるようになった。あなたもこうすれば，いわば死んだようになることうけあいだ。あなたは世界の中で他の人々とともに生きなければならない。そうしなかったら，何かが内部で死ぬ。それはおろかに思える。私はそのことが本当にはわからなかったが，それに似たことが起こったようだ。奇妙なことである。」［Laing，1961=1975：182］，と。

　それでは，ピーターの自己救済の方法とは，どのような論理に基づくのか。その論理を解明する上でレインの主要概念群とそれを表した図6a，図6b［Laing，1961=1975：106］（64ページ参照）が手がかりになる。

　ところで，図6aに示されるように，私たちごく普通の人々は，身体と統合された自己——「身体化された自己（emboded　self)」——を介して，実在の事物や他者と有機的，有意味的に相互にかかわりあっている。私たちからみて，他者とのかかわりによって生み出される知覚世界はすべて，「現実的」であり，他者にかかわる自己そのものはリアリティを持っている。「世界ならびに自己の実在性は自己と他者とのあいだの直接的関係によってたがいに強化される。」［Laing，1961=1975：107］両者は，さまざまな葛藤を孕みつつも，両者は好循環のうちにある。

　しかしながら，他者のまなざしに翻弄される分裂症者は，「自己－他者」の

好循環の関係が成り立たず，まったく反対に，図6bに示されるような，悪循環の関係に陥ってしまう（その意味で対人関係の病とは，あくまでも自己と他者の「あいだ」のそれなのである）。

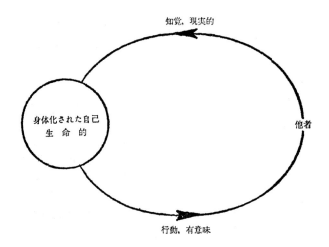

図6a：普通の人の対人関係と自己（好循環）

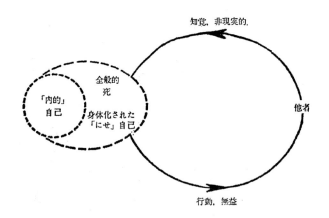

図6b：分裂症の対人関係と二つの自己（悪循環）

64

　こうした悪循環の構造について述べると，まず分裂症者，ピーターは，他者が自己の中へと侵入してきたり，他者のまなざしが自己を石化したりするのではないか，といった存在論的不安のために，そのことから必死に自己を守ろうとして自己を隠蔽する仮面を作り出してしまう。この仮面の正体こそ「にせの自己（false-self）」である。

　図6bにもあるように，ピーターからみて他者とのかかわりによって生み出される知覚世界はすべて，「非現実的」であり，他者にかかわる自己そのものがまやかしにすぎない。そのことに加えて，「にせの自己」の核心であり，他者に触れるところの接点となる身体は，トカゲの尻尾切りよろしく，彼自身によって切断されてしまうことになる。

　それでは，こうした戦略によって他者の脅威を免れた「自己」は，一体どこに行ったのか。そのことはもはや明白である。つまり，「身体化されたにせの自己（emboded false-self)」を切り離した「自己」は，自己の内面もしくは内奥へと向かったのである。それはまさに「内的自己」，もっといえば「身体を持たない」，もしくは「身体を欠落させた」，「純粋意識」（＝あるがままの私）と呼ぶのがふさわしい。レインの概念でいうと，それは，「身体化されない自己（unem-boded self)」［Laing，1961=1975：83］である。

　一般に，内面へと向かう自己といえば，何かに思考や意識を集中させたり沈潜させたりすることを指すが，この場合のそれは，あくまでも他者からどこまでも逃れようとして，自ら純粋意識と化し，自分だけの内面世界に閉じこもってしまう類いのものである（いわゆる，自己の，内面への逃避行）。その結末がピーターの症例に示されるように，自己存在そのものの非身体化（「非存在化＝無

化」）であり，自ら何者でもない「無人（nobody）」になること，または「無名であること」である。それは，病理現象としての頭足類身体である。

　とはいえ，この分裂症者は，自分の内面を死守するために，他者とのかかわりや（それを介した）世界とのつながりを一切断ち，純粋意識へと自己逃亡を計ることによって，万事うまくいったようにみえる。

　しかし，本当にそうなのか。そのことは，ピーターの言葉の断片，たとえば他の人とともに生きなければ，何かが内部で死ぬことだと示されるが，それが意味することは，必ずしも明確だというわけではない。そこで，レインの他の症例を探してみたところ，デイヴィドの症例の資料（データ）の中にそのことが端的に示されていた。デイヴィドの症例を参照しながら，結論だけを述べると，次の通りとなる。

　「にせの自己」を切り捨てることまでして死守しようとした「内的自己」は，非現実的な想像力（妄想力もしくは空想力）によって作り出された代物であるため，その内実がまったく空虚なものにすぎない，それゆえ，それは，切り捨てたはずの「にせの自己」によって取って代られてしまうしかない。ただ，その「にせの自己」は，空虚で実体のないものであることから，他者によって容易に操作されてしまうことになる。結局のところ，分裂症者の「内的自己」は，他者の思い通りになってしまうのである。

　さらに，こうした分裂症者の自己認知の特徴として瞠目すべきことは，この人たちが共通に持つ身体像である。この点について　W.ゴーマンは，次のような興味深い見解を述べている。

　「胴体がなく手足が頭部領域から出ている絵は四歳以下の子供たちに共通し

66

てみられるが，しかし成人がそのような絵を描く場合には，きわめて顕著な幼児的退行を伴う精神病の指標として受け取られる。」[Gorman, 1969=1981：166]，と。

　こうした人物描画を作り出す成人とは，恐らく，自己のボディが自己のものとして感じられないで，一個の十全な自己意識が形成されていないか，あるいは解体して退行現象を起こすかして，無人称または原人称の段階，いわゆる〈nobody〉（誰でもない者）の段階にいるものと考えられる。その段階に留まることは，頭足類的イメージの発生につながっていることはいうまでもない。

　こうして，分裂症者の自己は，「見る－見られる」といった，いわゆる他者からのまなざしから「真の自己」を守るために，「にせの自己」をトカゲの尻尾切りのように捨て去り，「真の自己」を内奥へと逃亡させ，純粋な意識と化すことの結果として，図６ｂで示したように，「身体化されない自己」（「胴体なし（no-body)」）特有の，頭足類的身体像（イメージ）を生み出すのである。分裂症者が自己救済の手段として選択した頭足類的イメージは，幼児の自他未分化状態への回帰であり，精神病理学でいうところの「退行」に相当する。しかも，分裂症者の狂気は，幼児の自他未分化状態での「気」の狂いであるからこそ，分裂症者はテリトリー（縄張り）意識が不分明であるため，他者と諍いを起こすことになる。分裂症者にとって自己自身のテリトリーの中へ他者が侵入することは，自らの存在を脅かすように感じられるが，その理由は，この精神疾患が幼児のように，自他未分化状態において起こるからなのだ。したがって，分裂症者は，文字通り，対人関係の病として発現するのである。ただ，こうした「自己逃亡＝自己救済」の戦略は，他者からの侵入によって失敗に終わらざる

を得ず，只管，狂気の世界を彷徨することになる。

　繰り返し強調するように，重要なことは，幼児の頭足類身体が実在すること
が，この，分裂症の病理現象としての頭足類身体を通して論証できるというこ
とである。

(4) 「になる」非言語活動の離接的総合と連接的総合──分裂症者との相同性

　すでに述べたように，乳幼児は当初，「ばらばらに寸断された身体像」しか
持つことができないわけであるが，生後約6ヶ月頃から鏡像段階という発達課
題に直面する。その発達課題とは，未だ自らの身体を持たない，いわゆる形の
ない「自己」から自らの身体を持つ，いわゆる形のある「自己」への変容であ
った。それは，「I＝I」から「I＝Me」へと示された。ただ，鏡像段階によっ
て幼児が身体を持つ「I＝Me」という「自己」へ変容したとはいっても，この
「自己」は，視覚的レベルでの自己統合にすぎない。実際そうであるがゆえに，
乳幼児は「I＝I」から「I＝Me」へ進展しながらも，身体を持たない「I」
へと揺り戻し，「I」を自己迎接しようとする。幼児において「I＝Me」とし
ての，十全の自己統合が円滑に進まないことの裏づけとして，幼児による鏡像
段階の十全な習得に2年以上もの，長い期間を要することを挙げることができ
る。

　こうして，3歳未満の幼児は，鏡像段階によって「I＝I」から「I＝Me」
へと変容するその一方で，少なからず，「I＝Me」から「I＝I」へと揺り戻し
を繰り返す。その妥協の産物こそ，幼児が描く頭足類画であった。

　重要なのは，「I＝I」から「I＝Me」への理路を辿りながらも，「I＝I」

68

と「Ⅰ＝Me」のあいだを揺れ動く，もしくは，鬩ぎ合う，幼児の活動特性とし
て顕著なものが，ワロンが数多の観察を通して発見した，幼児の「になる」と
いう現象である。「Ⅰ＝Ⅰ」から「Ⅰ＝Me」への途上で幼児によってなされる「に
なる」非言語活動は，私たちの形式論理を超えたもの，正確には形式論理が成
り立つ以前の原論理である。

　こうして，幼児の生きられる頭足類身体は，「になる」という原論理として
示されることになる。ただ，急いで付け加えると，この「になる」非言語活動
は，それ自体として確証することができない。本書では，幼児という頭足類身
体の，「になる」活動が論理的に妥当であることを確証するために，レインの
分裂症の論理構造を持ち出した。その点では，『ア・オ』が，分裂症と資本の
相同性のもと，分裂症の論理によって唯物論を展開したこととアナロジカルで
ある。

　以上のように，幼児の「になる」の論理が妥当であることを示すためには，
レインによる分裂症の論理が不可欠である。この点は，筆者が最も強調したい
ことである。

　すでに述べたように，レインの分裂症の論理に基づくと，幼児と分裂症者は，
頭足類身体的イメージを持つ。その論理とは，「P ∧〜 P」という原論理，す
なわち形式論理が成立する以前の論理として示される。したがって，それは，
形式論理学の同一律・矛盾律・排中律を侵犯する。幼児が描く頭足類画および
分裂症者が抱く頭足類的身体像が私たちからみて奇っ怪なものに見えたり感じ
たりするのは，それらが，日常世界を構成する形式論理を逸脱しているからだ。
そうした逸脱は，私たちの心を揺るがす。

すでに，レインによる分裂症者の論理については詳述したことから，その詳細は省略し，幼児の「になる」非言語活動の解明に向けて論を進めたい。

　よくよく考えると，幼児の「になる」非言語的，非観念的活動は，ワロンが観察を通して示したように，幼児が次から次へと身近なモノたち「になる」というものである。ときには，幼児は自らのからだの一部（たとえば，右手）をモノとして切り取り，それを「花子」と名づけて，その「花子」「になる」ことさえある。恐らく，幼児にとって身近なもの（人・モノ）でありさえすれば，それらは容易に「になる」対象となることができる。つまり，「私は私である」と同時に，「私は私でない」，すなわち「私以外の何ものか『になる』」，いわば転成するのである。こうした「になる」という転成は，ドゥルーズ＝ガタリのいう「動物になる」［Deleuze, Gattri, 1980＝2010：chap.10］，いわゆる「生成変化」［Deleuze, Gattri, 1980＝2010：chap.10］に近いのかもしれない。そのことはともかく，幼児は，常に身近な何ものか「になる」という転成もしくは生成変化を幾度も繰り返し行っているのだ。ただし，こうした転成は，たとえば，すでに「主体」を確立した就学前幼児がアンパンマン「になる」とかウルトラマン「になる」という場合の「変身」とはまったく異なる。「変身」は，意識や心を持つ自己が確立した「主体」によってなされる行為である。変身は，自己同一性を前提とした上での，限定された「自己変容」なのである。

　このようにみると，頭足類身体を生きられる幼児は，『ア・オ』における分裂症の論理と通底している。つまり，幼児の「になる」という転成は，分裂症の論理である，登録の離接的総合と類似している。すでに述べたように，分裂症の離接的総合は，たとえば，「『私は神であり神でない，私は神であり人間で

ある』……, あるいは『私はアピスである, 私はエジプト人である, 私は赤い肌のインド人であり, 黒人であり, 中国人であり, 日本人であり, 異邦人である』」というように, 同一主語 (私) に対して, 異なる複数の語を並列させ結びつけている。それわかりか, それらは, 前出の「私は神であり神でない」のように, 肯定と否定という相対立する述語 (〜である／〜でない) であっても, 両者を選言 (離接詞) によって結びつけ, 主語を述定している。だからこそ, それらは,「これであれ……あれであれ (soit...soit)」という具合に, 登録の離接的総合と呼ばれるのだ。ここで注目すべきは, 分裂症者は, アピスになったり, エジプト人になったり, 赤い肌のインド人になったり……異邦人になったりする, さらには, 神になったり, 神でない何か (たとえば, 人間) になったりする, ということである。分裂症者が「私はアピスである」ということは, 自らが「アピス『になる』」ことを意味する。そうした中で主体が立ち上がってくるが, そのとき, たとえば分裂症者の主体は,「私はアピスである」, すなわち「アピス『になる』」ことで他者 (エジプト人……) との差異において強度を高める。

　こうして, 分裂症者は, 固有の離接の記号を並列的にかつ平等に列挙するといった独自の言語活動を行う。分裂症者は, 自らの器官なき身体の表面に「アピス, エジプト人, 赤い肌のインド人……」といった離接の記号を登録したり,「私は神であり神でない (「神」と,「神でない何か [たとえば, 人間]」)」という (形式論理上) 矛盾した離接の記号を登録したりするのである。前出の図を持ち出しつつ, 幼児における離接的総合を例示すると, 次の図7 **(72ページ参照)** のようになる。

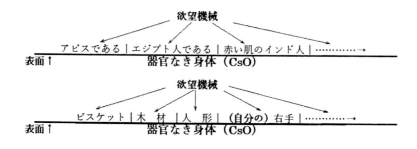

図7　頭足類身体の登録の離接的総合

※上の図は，前出の，分裂症の登録の離接的総合（図4）

　幼児の離接的総合は，図7に示されるように，たとえば，「私はビスケット
である，私は木材である，私は人形である，私は自分の右手である，……とい
うように，器官なき身体の上に，異なる複数の「である」対象を登録していく
（私が成立していないことから，同一主語に対して，異なる複数の「になる」対象を結
びつけているわけではない [「になる」対象間に関連はない]）。そして幼児は，こうした，
諸々の離接の記号を次々と消費し終える毎に生まれ，そして生まれ変わる（転
成する）――ビスケット「になる」，木材「になる」，……――が，その度に，
各々の分割の残滓の一部（周縁）からかろうじて主体らしきものを生み出すの
である。それは，分裂症者固有の消費の連接的総合という論理であり，「だか
ら，これは〜である」と示される。幼児の場合，意識や心を持つ，「主体」成
立以前の状態であることから，分裂症者と比べて強度（内包）は高いとはいえ
ないが，それなりの感覚と感情をともなうのではないかと思われる。ただ，同
じ人間である限り，幼児も消費の連接的総合においてその都度それなりの仕方

で，それなりの主体を生成しているのだ。

　以上述べてきたように，筆者が唱える幼児の唯物論は，分裂症の三つの論理が無条件に成り立つことを前提とする乳児論的唯物論とは異なり，レインによる分裂症の理論を通してその妥当性を論証されるのである。幼児の唯物論は，『ア・オ』の生産の接続的総合を中心としながらも，頭足類身体論を援用することで，「になる」という転成の唯物論を展開するのである。ここで想起すべきなのは，前述した，「になる」の唯物論的な起源および根拠が器官なき身体であるということである。

　以上，レインの理論を援用しつつ，頭足類身体論によって幼児の唯物論を展開してきた。私見に基づくと，受動的総合として成り立つ分裂症の三つの論理のうち，接続的総合の論理が，『ア・オ』が示すように，乳児に適用されるのに対して，離接的総合と連接的総合は，乳児には適用することができない。ところが，幼児が，身近なものや他者「になる」とき，分裂症者との相同性から離接的総合と連接的総合の二つは，適用することができると考えられる。ただ，この場合の分裂症者との相同性は，レインの分裂症者の症例分析とその理論化を経由したものである。したがって，その場合，幼児と分裂症者の共通点は，頭足類身体を生きられること——そのことはつまるところ，「P ∧〜 P」という形式論理（学）以前の原論理を生きられることを意味する。しかも，分裂症は，鏡像段階習得後に起こる，「Ⅰ=Me」から「Ⅰ=Ⅰ」への回帰もしくは退行なのである。

　奇しくも，幼児の唯物論は，ドゥルーズ＝ガタリとレインそれぞれによる，まったく異なる二つの分裂症研究を通して構築されることになったのである。

ただ，そのことは，単なる偶然ではない。

結 語

　本書の最後に，ここまで述べてきたことを総括することにしたい。

　『ア・オ』の論理展開は，複雑極まりない。冒頭から，「〈それ〉はいたるところで機能している。中断することなく，あるいは断続的に，〈それ〉は呼吸し，過熱し，食べる。〈それ〉は排便し，愛撫する。〈それ〉と呼んでしまったことは，何という誤謬だろう。いたるところに機械があるのだ。決して隠喩的な意味でいうのではない。」［Deleuze, Gattri, 1972a＝2006：15］と意味不明な記述がなされる。これは，後で明らかになることだが，欲望機械の端的な記述である。また，それは，文学作品と見紛う記述であるが，「隠喩的な意味でいうのではない」と打ち消している。

　ただ，この「エス＝無意識」によって駆動するのは，精神分析（理論）の，抽象的，観念的な欲望装置（たとえば，幻想や妄想等々）ではなく，現実的なあらゆるものを生産する，具象的，非観念的（＝唯物論的）な欲望機械である。ドゥルーズ＝ガタリからすると，欲望は，物質に裏づけられた現実的なものを生み出すという意味で，生産的なものなのだ。

　こうして，冒頭でドゥルーズ＝ガタリは，欲望についての捉え方を持ち出して，観念論／唯物論，精神分析（理論）／スキゾ分析（理論）の線引きをしているのである。

　『ア・オ』で展開される論理は，分裂症の論理である。具体的には，それは，

自我（「主体」）が関与しない自然の知覚・認知的な総合である受動的総合の論理から成り立つ。

　ところで，欲望機械の典型は，冒頭のすぐ後に登場する，分裂症者であり，その代表としてレンツの散歩が唯物論的に記述される。そこでは，分裂症者を通して，分裂症の論理の一つである，接続的総合の論理が示される。それは，分裂症者の身体と自然の，もろもろの機械（部分対象）との接続（連結），および，それにともなう流れと切断となるが，その操作は，機械（部分対象）と機械（部分対象）の接続（連結）である。したがって，接続的総合の論理は，「これであれ……あれであれ（soit...soit）」と示される。

　接続的総合の論理は，生まれたばかりの乳児，すなわち意識や心を持たない，「主体」成立以前のモノの活動様式を記述するのにうってつけである。乳児によるミルクの摂取は，乳児の口が母親の乳房に接続されることで，〈口－乳房〉となり，乳房がミルクの流れを生産するとともに，乳児の口はそのミルクの流れを採取する，と唯物論的に記述される。

　そして，乳児の口は，胃に接続され，〈胃－口〉となり，口が採取（摂取）したミルクの流れを生産するとともに，乳児の胃はそうしたミルクの流れを採取（摂取）する，という具合いに――口－胃－腸－肛門という順序で――，他の機械（部分対象）と接続（連結）することで，常に流れと切断を行い，そのことを反復する。それは，分裂症の論理に基づくモノとしての乳児の活動についての唯物論的記述である。

　次に，分裂症の欲望機械は，非生産的，非消費的な器官なき身体であるがゆえに，欲望的生産と同様に，すべての部分対象を無際限に接続する。しかも，

　分裂症は，資本と同じ器官なき身体であることから，資本へと拡張される（分裂症は，マルクスの『資本論』を経由する）。つまり，資本は，貨幣の資本への転化が商品（部分対象）の，資本の自己目的的な運動への登録であることから，分裂症と同じく，器官なき身体である。器官なき身体としての資本は，その表面に，20 エレのリンネル，1 着の上着，……という具合に次々とさまざまな商品（モノ）を登録する。それは，「登録の離接的総合」と名づけられ，その操作は，さまざまな商品が離接の記号として並列的にかつ平等に登録される。複雑なことに，分裂症におけるこの，二つ目の「消費の連接的総合」は，器官なき身体としての資本のように，分裂症者の，器官なき身体の表面に，「アピス，エジプト人，赤い肌のインド人，黒人，中国人，日本人，異邦人」といったさまざまな人が離接の記号として並列的にかつ平等に登録されることになる。したがって，登録の離接的総合の論理は，「これであれ……あれであれ」となる。

　前述した資本は，器官なき身体としてその表面にさまざまな商品（モノ）を登録するが，分裂症者の器官なき身体もまた，資本と同様に，自らの器官なき身体の表面にさまざまな離接の記号，すなわち「アピス，エジプト人，赤い肌のインド人……」を登録する。そうした中で，分裂症者の主体は，たとえば，「私はアピスである」，すなわち「アピス『になる』」。そして，そのことでその主体は，黒い線が背景の白との差異（コントラスト）において黒色であると知覚・認知するのと同様に，他者（エジプト人……）との差異において強度を高めるのである。

　ところが，分裂症者は，モノとしての資本とは異なり，もろもろの離接の記号を次々と消費し終える毎に，生まれ，そして生まれ変わる（転成する）が，

その都度，各々の分割の残滓の一部（周縁）からかろうじて主体を生み出す。それは，分裂症者固有の「消費の連接的総合」という受動的総合の論理となる。したがって，消費の連接的総合は，「だから，これは～である」と示される。

　以上，分裂症の論理は，生産の接続的総合，登録の離接的総合，消費の連接的総合という三つの受動的総合の論理から成るが，この三つの論理については，精神分析理論に傾倒するオイディプス化操作と，それを否定するアンチオイディプス化操作といった対立する二つの操作がある。つまるところ，それは，観念論と唯物論の対立である。

　総じて，『ア・オ』は，観念論の一つの基本型である精神分析理論を批判するとともに，それを通して唯物論を構築する。つまり，それは，哲学史的には，カントの観念論（相関主義）に対する批判書であるとともに，観念論の基本型としての精神分析理論に対する批判書で（も）ある。そして，「観念論／唯物論」の分水嶺は，具体的には，この三つの受動的総合についての「オイディプス的操作／アンチオイディプス的操作」に収斂する。

　さらに，乳児の接続的総合の論理は勿論のこと，離接的総合と連接的総合の論理は，幼児の「になる」非言語活動に当てはまると考えられる。幼児の「になる」非言語活動は，分裂症者の論理と同様，幼児が，「ビスケット」や「木材」や「人形」などさまざまなもの（モノ・他者）「になる」ことによって――非論理的な仕方ではあるが――，「私は私であると同時に，私は私ではない。だから，私は何ものにもなる」というように，「P ∧ ～ P」という形式論理（学）以前の原論理を生きられているのだ。彼らは，次々と何ものか（モノ・他者）「になる」のであり，その都度その都度，各々の分割の残滓の一部（周縁）からか

78

ろうじて主体を生み出す。それは，分裂症者と相同的な，「消費の連接的総合」
という論理であり，「だから，これは〜である」となる。ただ，分裂症者の「に
なる」が言語活動であるのに対して，幼児の「になる」は文字通り，幼児の，
「インファント＝言葉を話さない」という意味で非言語活動である。たとえ，
こうした相違はあるにせよ，両者は，自らの器官なき身体の表面に，さまざま
なもの（モノ・他者）を登録するとともに，そのことによってその都度その残滓
の一部（周縁）からかろうじて主体を生成する。分裂症と資本が相同的である
のと同様に，分裂症と幼児もまた，相同的なのである。

　筆者が展開する頭足類身体論では，分裂症者（分裂症）は３歳未満の乳幼児
への回帰もしくは退行であると捉えているが，そのことが成り立つ根拠は，両
者がともに，頭足類的身体像を持つことに求められる。幼児は自画像として頭
足類画を描く。一方，分裂症者はレインの患者およびレインが作成した図６ b
からわかるように，頭足類的イメージ（身体像）を持つ。幼児が頭足類画を描
くのは，鏡像段階の習得プロセスで「Ｉ＝Ｉ」から「Ｉ＝Me」へ進展しつつも，
「Ｉ＝Ｉ」を自己迎接することで「Ｉ＝Me」から「Ｉ＝Ｉ」への揺れ戻しが起
こるからである（この揺れ戻しは，視覚的レベルでの自己統合の限界を露呈している）。
一方，分裂症者が頭足類的身体像を持つのは，一旦，鏡像段階の習得によって
獲得した「Ｉ＝Me」が精神の不調をきたすことで，他者とのかかわりの拠点と
なる「Ｉ＝Me」をトカゲの尻尾切りのように切断した上で，自らを「Ｉ＝Ｉ」，
すなわち純粋自己へと退却させるからである。つまるところ，乳幼児も分裂症
者も，方向こそ異なれ，「Ｉ＝Ｉ」と「Ｉ＝Me」のあいだに滞留してしまうので
ある。

以上のように，接続的総合の論理が，分裂症の受動的総合の論理に対応するのに対して，離接的総合は，資本との相同性において分裂症者の離接の記号を用いる言語活動に対応する，とともに，連接的総合は，その離接的総合によって登録された名前の残滓の一部（周縁）からかろうじて主体を生成することに対応する。そうした分裂症者の言語活動は，そのまま，乳幼児の「になる」非言語活動と通底しているのである。

　つまり，幼児の離接的総合は，「私はビスケットである，私は木材である，私は人形である，私は自分の右手である，……というように，器官なき身体の上に，異なる複数の「である」対象を次々と登録していくが，こうした，諸々の離接の記号を次々と消費し終える毎に生まれ，そして生まれ変わる（転成する）――ビスケット「になる」，木材「になる」，……――が，その度に，各々の分割の残滓の一部（周縁）からかろうじて主体らしきものを生み出すのである。それは，分裂症者固有の消費の連接的総合という論理であり，「だから，これは〜である」と示される。したがって，分裂症者と幼児は，登録の接続的総合と，消費の連接的総合において相同的である。

文　献　　※参考文献を含む

東久部良信政　1978　『頭足類の人間学』葦書房。

安藤　礼二　2023　「燃え上がる図書館 アーカイヴ論 第六回 哲学の始原——ジル・ド
　　ゥルーズ論（前編）——」,『文學界』, 77-4, 文藝春秋, 175-187 頁。

浅田　彰　1983　『構造と力——記号論を超えて——』勁草書房。

Bauman,Z.　1998　**Work, Consumerism and the New Poor**, Open University Press.
　　（Z.バウマン, 伊藤茂訳『新しい貧困——労働, 消費, ニュープア——』青土社, 2008
　　年。）

Bettelheim, B.　1967　**The Empty Fortress：Infantile Autism and the Birth of the
　　Self**, The Free Press.（B.ベッテルハイム,黒丸正四郎・岡田幸夫・花田雅憲・島田
　　照三訳『自閉症・うつろな砦 1』みすず書房, 1973 年。）

千葉　雅也　2017　『動きすぎてはいけない——ジル・ドゥルーズと生成変化の哲学
　　——』河出書房新社。

DG-Lab　2015　https://dglaboratory.wordpress.com/2015/06/

Deluze,G., Gattri,F.　1969a **Logique du Sens,** Les Éditions de Minuit, Paris.（G.ドゥルーズ,
　　小泉義之訳『意味の論理学 上』河出書房新社, 2007 年。）

Deluze,G., Gattri,F.　1969b **Logique du Sens**, Les Éditions de Minuit, Paris.（G.ドゥルーズ,
　　小泉義之訳『意味の論理学 下』河出書房新社, 2007 年。）

Deluze,G., Gattri,F.　1972a **L'Anti-Œdipe：Capitalisme et Shizophrénie**, Les Éditions de
　　Minuit, Paris.（G.ドゥルーズ, F.ガタリ, 宇野邦一訳『アンチ・オイディプス——資
　　本主義と分裂病——』上, 河出書房新社, 2006 年／市倉宏祐訳, 河出書房新社, 1986

年。）

Deluze,G., Gattri,F.　1972b　**L'Anti-Œdipe：Capitalisme et Schizophrénie,,** Les Éditions de Minuit, Paris.（G.ドゥルーズ，F.ガタリ，宇野邦一訳『アンチ・オイディプス――資本主義と分裂病――』下，河出書房新社，2006 年／市倉宏祐訳，河出書房新社，1986 年。）

Deluze,G., Gattri,F.　1980　**Mille Plateaux：Capitalisme et Schizophrénie 2**, Les Éitions de Minuit, Paris.（G.ドゥルーズ，F.ガタリ，宇野邦一，他訳『千のプラトー――資本主義と分裂症――』河出書房新社，2010 年。）

Feyerabend, Paul K.　1975　**Against Method：Outline of an Anarchistic Theory of Knowledge**, Verso Books.（P.K.ファイヤアーベント，村上陽一郎・渡辺博訳『方法への挑戦――科学的創造と知のアナーキズム――』新曜社，1981 年。）

Gorman,W.　1969　**Body Image and the Image of the Brain**, Warren H Green（W.ゴーマン，村山久美子訳『ボディ・イメージ――心の目でみるからだと脳――』誠信書房，1981 年。）

小林　卓也　2019　『ドゥルーズの自然哲学――断絶と変遷――』法政大学出版局。

Kellogg,R.　1969　**Analizing Chidren's Art**, Girard & Stewart.（R.ケロッグ，深田尚彦訳『児童画の発達過程――なぐり描きからピクチュア――』黎明書房，1971 年。）

Klein,M.　1975　**Envy and Gratitude and Other Works, 1946-1963**, Dell.（M.クライン，小此木啓吾監修／小此木啓吾・岩崎徹也責任編訳『メラニー・クライン著作集 4　妄想的分裂的世界』誠信書房，1985 年。）

Laing,R.D.　1961　**Self and Others**, Tavistock Publications.（R.D.レイン，志貴春彦・笠原嘉訳『引き裂かれた自己――分裂病と分裂病質の実存的研究――』みすず書

房，1975 年／天野衛訳『引き裂かれた自己——狂気の現象学——』［改訳版］筑摩書房，2017年。）

Marx,K. 1885 **Das Kapital：Kritik der Politischen Ökonomie, Zweiter Band**,Hamburg.（K.マルクス，今村仁司・三島憲一・鈴木直訳『資本論 第一巻 上』マルクス・コレクション4，筑摩書房，2005 年。）

Meillassoux, Q. 2006 **Après la Finitude. Essai sur la Nécessité de la Contingence**, Seuil.（Q.メイヤスー，千葉雅也，大橋完太郎，星野太訳『有限性の後で——偶然性の必然性についての試論——』人文書院，2016 年。）

森田 裕之 2022 『ドゥルーズ＝ガタリ『アンチ・オイディプス』を読む』作品社。

中井 孝章 2018a 『ケア論Ⅰ マザリング／アロマザリング』日本教育研究センター。

中井 孝章 2018b 『頭足類身体原論』大阪公立大学共同出版会。

中井 孝章 2021a 『行動と意識 2 実在論に基づく認識様式』日本教育研究センター。

中井 孝章 2021b 『頭足類身体の自在圏』日本教育研究センター。

仲正 昌樹 2018 『ドゥルーズ＝ガタリ〈アンチ・オイディプス〉入門講義』作品社。

Sullivan,S.H. 1953 **The Interpersonal Theory of Psychiatry**, W.W.Norton.（S.H.サリヴァン，中井久夫，他訳『精神医学は対人関係論である』みすず書房，1990 年。）

台 弘・町山幸輝 1976 「精神分裂病のモデル」，台 弘・井上英二編『分裂病の生物学的研究』東京大学出版会，57-84 頁。）

Wallon,H. 1949 **Les Origines du Caractere chez L'enfant**, Universitaire de France.（H.ワロン，久保田正人訳『児童における性格の起源』明治図書，1965 年。）

あとがき

　思い起こせば，筆者が大学院生のとき，当時，ポスト構造主義の名著といわれ，ベストセラーとなった浅田 彰著『構造と力』を通して『アンチ・オイディプス』のことを知ってから 40 年近くが経過した。当時は，『ア・オ』の内容どころか，それをチャート式で平明に纏めた『構造と力』さえ，十分に理解できなかったと記憶している。それから３年後，市倉宏祐氏の手で『ア・オ』の翻訳が刊行されて，日本語で読む機会に恵まれたが，それでもやはり読解法がわからず，読むのを諦めてしまった。近年，数多の解説書・研究書（なかでも，秀逸なのは，本書で何度も引用した，小林卓也著『ドゥルーズの自然哲学』）を頼りに，宇野邦一氏の翻訳版を精読したが，かなりの時間と労力を要した。過去の経緯もあって，筆者としては，数多の誤読というリスクを冒してでも，同書に関する本を出版したいという衝動を抑えることができなかったのである。

　ところで，筆者は普段から，書物は単に読むものではなく，それを活用して自らの考えを書くためものであると考えている。正直，どのような書物でも通り一遍，読んだだけでは何も残らないのではないか（いわゆる，本の読みっぱなしである）。書物が自らの中に浸透（血肉化）してくるには，再読，再々読することに加えて，読みながら書く，もしくは，書きながら読むことが不可欠である。特に，書物を読みながら書くことで，書物の内容のみならず，自分が何を考えているのかが明らかになってくることが少なくない。事実，『ア・オ』について論述してみて，読むだけではわからなかった分裂症の論理を少しは理解できるようになったと考えている。と同時に，どうして資本主義社会においてこうした論理が要請されてくるのかを，そのコンテクストとともに理解できるようになったと確信している。

　ところで，ドゥルーズおよびドゥルーズ＝ガタリの著書が多いことに比例して，その関連の，解説書や研究書の数は夥しい。ところが，多い割には参考にすべき書物は，決して多くない（筆者からすると，本当の意味で役だったのは，前出の小林氏の著書くらいである）。筆者は内外の書物を調べて，集めて，一読してみたが，ドゥルーズ（＝ガタリ）研究のための研究というものが少なくなかった。とりわけ，

そうした傾向は，ドゥルーズ研究者の書物に強い。これまで，ドゥルーズやドゥルーズ＝ガタリは，『現代思想』の特集号で何度も取り上げられてきた。ところが，そこに掲載されている日本人執筆陣の論文の大半は，(頭の良いことはわかるが，それだけに) 情報合戦もしくはマウント合戦に終始し，何のためのドゥルーズ (＝ガタリ) 研究なのかといった肝心の問題提起が読みとれなかったように思われる。

筆者は，ドゥルーズの研究者というにはほど遠いが，何とかして彼 (彼ら) の書物を自らの研究に生かしたいという思いだけは，人一倍強い。本書のタイトルにあるように，『ア・オ』は，教育学研究者である筆者からすると，乳児／幼児の基礎研究にうってつけなのである。

今後も，半世紀経った今日でも色褪せることのない，ドゥルーズの思想およびドゥルーズ＝ガタリの思想を真摯に受けとめ，対話を続けていきたいとと考えている。

令和五年九月二十日

著　者

著者略歴

中井孝章（なかい たかあき）
1958 年大阪府生まれ。現在，大阪公立大学生活科学研究科教授。学術博士。
主著:『学校知のメタフィジックス』三省堂／『学校身体の管理技術』春風社
単著（〈2010 年〉以降）:
『子どもの生活科学』日本地域社会研究所＋ honto から電子ブック刊行
『配慮（ケア）論』大阪公立大学共同出版会
『忘却の現象学』,『イメージスキーマ・アーキテクチャー』,『無意識３.０』三学出版
『空間論的転回序説』大阪公立大学共同出版会
『教育臨床学のシステム論的転回』大阪公立大学共同出版会
『〈心の言葉〉使用禁止！―アドラー心理学と行動分析学に学ぶ―』三学出版
『カウンセラーは動物実験の夢を見たか』大阪公立大学共同出版会
『驚きの因果律あるいは心理療法のデイストラクション』大阪公立大学共同出版会
『防衛機制を解除して解離を語れ』大阪公立大学共同出版会
『脱感作系セラピー』【脳・心のサイエンス１】日本教育研究センター
『離人症とファントム空間』【脳・心のサイエンス２】日本教育研究センター
『頭足類身体原論』大阪公立大学共同出版会＋日本教育研究センターから頭足類身体シリーズ刊行
『ケア論Ⅰキュアとケア』『ケア論Ⅱマザリング』『ケア論Ⅲ当事者研究』日本教育研究センター
『〈子どもが「指導」に従いながら同時に「自立」する〉教育の可能性』デザインエッグ社
『カブグラ症候群という迷路』【脳・心のサイエンス３】日本教育研究センター
『進化するシンローグ：共話と協話』日本教育研究センター
『スマートフォン依存症の正体：オンライン後の「子ども」たち』日本教育研究センター
『生存のための身体信号（ソマティックマーカー）』【脳・心のサイエンス４】日本教育研究センター
『〈狂い〉を生きられる子ども：なぜ３歳未満の乳幼児に注目するのか』デザインエッグ社
『憑依と背後の身体空間』【脳・心のサイエンス５】日本教育研究センター
『頭足類身体の自在圏』【頭足類身体シリーズ・完結編】日本教育研究センター
『「道徳は教えられない」の進化教育学』日本教育研究センター
『注意散漫と注意集中の人間学』日本教育研究センター
『ノンモダンとしての経験学習：対応説としての学校知を超えて』日本教育研究センター，等
共著:『ぬいぐるみ遊び研究の分水嶺』（堀本真以氏との共著）大阪公立大学共同出版会

純粋欲望機械としての乳児／幼児
：『アンチ・オイディプス』の論理構成

2023 年　11 月 27 日　初版発行
　　著者　　　　　中 井 孝 章
　　発行者　　　　岩 田 弘 之
　　発行所　　　　株式会社　日本教育研究センター
　　〒 540-0026　大阪市中央区内本町 2-3-8-1010
　　　　　　　　　TEL.06-6937-8000　FAX.06-6937-8004
　　　　　　　　　https://www.nikkyoken.com/

ISBN 9784-89026-228-1 C3037　　　　　　　　　　　Printed in Japan